BLACK SWAN | 黑天鹅

为 人 生 提 供 领 跑 世 界 的 力 量

BLACK SWAN

牛刀说货币

货币狼烟

牛刀◎著

中国商业出版社

图书在版编目（CIP）数据

牛刀说货币：货币狼烟 / 牛刀著. —北京：中国商业出版社，2012.11

ISBN 978-7-5044-7903-7

Ⅰ.①牛… Ⅱ.①牛… Ⅲ.①货币—基本知识 Ⅳ.①F82

中国版本图书馆CIP数据核字（2012）第258365号

责任编辑：王彦

中国商业出版社出版发行

010-63033100 www.c-cbook.com

（100053 北京广安门内报国寺1号）

新华书店总店北京发行所经销

北京慧美印刷有限公司

* * * * *

710毫米×1000毫米 1/16开 15印张 180千字

2012年12月第1版 2012年12月第1次印刷

定价：36.80元

* * * * *

（如有印装质量问题可更换）

坚持还是改变？

曹建海

中国社会科学院工业经济研究所研究员、
中国社会科学院研究生院博士生导师

推荐序1

国内知名财经名家牛刀推出新书《牛刀说货币：货币狼烟》，约我写序。我不是专业的金融学家，只能结合书中较少谈到的国内经济及其问题发表一些个人观点，以为本书的补充。

自2008年底以来，为应对美国金融危机，中国政府开展了轰轰烈烈的4万亿救市计划。在一系列强有力经济政策的刺激下，中国经济一改金融危机以来的经济颓势，再次出现了房地产投资驱动经济增长的繁荣景象，固定资产投资、工业增加值高速增长推动股票市场和商品房市场迅速过热。然而，《纽约时报》于2010年1月

8日在其工商版头版显著位置刊登题为《卖空中国》的报道，给繁荣的中国经济泼了一盆冷水。曾准确预见安然公司垮台的詹姆斯·查诺斯预言，中国用投资支撑的经济将面临崩溃，而不是如林毅夫等经济学家预测的持续繁荣。查诺斯并不在意中国的GDP（国内生产总值）数字，他说："经济活动不等于创造财富。你如果盖一座桥，而这座桥每隔5年就要塌一次或拆一次，于是你每过5年就要盖同一座桥，这能转化成为很多GDP增长，但显然不会增加国民的福祉。"查诺斯的说法看似耸人听闻，但不无道理。事实上，如果去除各种拆迁、资源损失、环境破坏等因素影响，我国2009—2011年的实际增长率很难超过5%。中国经济泡沫破灭的条件，在很长的时间内，被认为是房地产泡沫破灭等因素引起的大规模银行债务危机，并由银行危机引起人民币的崩溃，爆发全社会的剧烈动乱。

现在看来，房地产泡沫未破灭必是银行债务危机的导火线。而在房地产泡沫支撑下地方政府日益依赖的土地财政，以及依靠土地抵押大量向银行借贷导致的巨额地方政府债务，反而有可能先行成为金融危机和经济危机的导火线。目前，遍地泛滥的工地，基本上都是由银行提供的资金支持的。这些工程项目由于缺乏现金流，不仅面临投入运营之后的风险，而且地方政府资金投入的不可持续性，必然给主要依赖投资增长的中国经济降温。经济降温则必然推动房地产泡沫尽早破裂，这样就危及依赖卖地生财的地方政府财政收入和庞大的在建基础设施工程的推进速度，最终引发一系列金融危机。

债务危机、银行业的危机也随时可能发生，显然加大了人民币崩溃的可能性。人民币崩溃的后果和景象是什么？可能我们无法用简单的文字描述。但1949年国民党政府货币崩溃的景象，可以给我们提供一些借鉴。1949年，物价飞涨、币值日跌，货币逐渐丧失了价值储藏和交换的媒介职能。人们拿到纸币后就像拿了烫手山芋一样想尽快扔掉。企业在核算成本、利润时纷纷改用米、金、银、外汇等为单位，支付工资采用米、生活指数或者外汇。上海市场大宗交易如买卖房屋、地产、机器等，都以黄金计价。

面对可能发生的经济崩溃和人民币崩溃的风险，对于广大公众而言，是不是通过买房来规避风险？一位知名“民生人士”对我说，鼓励大家买房有什么错？鼓励老百姓多买几套房，至少在货币贬值后还有住房，这就是民生。这个观点我是不能接受的，我认为这如同饥荒时代到街上杀人取食，反正这些人早晚饿死，不如作为我果腹的食品，莫非这也算民生？这个立论有三个漏洞。第一，哪些人有能力多买几套房？第二，房价保值保的是人民币作为价值尺度的值，人民币贬值了，必然要用实物或黄金作为价值尺度，房屋还保值吗？多出来的房屋，你每天轮着睡吗？第三，你说的民生，到底是自己的民生，少数有钱人的民生，还是绝大多数人的民生？

为了小心翼翼呵护日益撑大的房地产泡沫，以为中国持续健康增长提供持久动力，中央政府必然在多个方面，甚至在涉及领土、人民币汇率等方面做战略性退让，以免出现国内外冲突影响国内贸易和经济，引起泡沫崩溃带动的全局崩溃。

那么，这种谨小慎微的退让能持久维持下去吗？答案显然是否定的！这也就是说，如果中国继续坚持现行政策不动摇，甚至再次通过扩张性财政政策、货币政策来刺激经济，再次依靠退让、呵护等手段，显然不能瓦解泡沫经济、粗放经济、国有企业垄断、财政和货币扩张等传统经济增长模式来维持经济增速的稳定，则经济结构将更为扭曲。事实证明，如果不能完善企业微观经营机制、发挥企业家的创新职能，单靠宏观经济政策只能使经济越来越糟！具体来说，扩张性货币政策的主要后果是社会债务规模扩张、泡沫扩张和通货膨胀，这些哪里能实质性带动经济增长？

目前，中国经济有两条途径可选：一条是维持原有模式竭力刺激，另一条则是悬崖勒马、紧急刹车，潜心治理经济结构和经济发展方式中存在的问题。

具体来说，中国经济政策习惯于通过产业和地区规划来刺激新增长，然而事实上，产业结构和地区结构只是一种结果，它们本质上是由社会总需求及其结构，即投资、消费、净出口之间的比例决定的。在中国，固定资产投资多由地方政府、中央企业这些算政治账不算经济账、存在强烈投资饥渴症的政治长官支配，房地产投资也由虚假泡沫构成的高房价所指引。消费需求刺激也是如此，在高房价的阴影下，居民消费水平增长速度缓慢，单靠“家电下乡”“汽车下乡”刺激，效果微乎其微。至于净出口，既取决于国家的产业竞争力，也取决于其他国家的需求、相对汇率等因素。

由于以上原因，政府多次出台的治理过剩产能的产业升级政策往往南辕北辙。这也并非政府无能，而是需求决定产业结构的逻辑关系所决定的。要想改变中国的产业结构，必须改变社会需求结构，要限制“预算软约束”机制下的政府投资和国有企业投资，特别是要限制导致国进民退局面的国有企业扩张的步伐，敦促国有企业上缴符合国际惯例的利润用于财政支出或充实社会保障账户。将上述限制政府和国企扩张节约的资金，用于大规模社会减税，培植以合法经营的民营企业为主体的微观经济基础。同时，在消费领域，要通过多种手段降低房价，大力发展保障房的建设与分配，带动社会中低收入人群消费，则中国消费振兴有望。至于国际贸易，则应坚持进出口平衡策略，中期甚至可采取适度赤字政策，以冲抵过多的外汇储备及其对货币供给产生的影响。

总之，中国经济走向何方？人民币走向何方？本质上取决于我们的决策层的勇气和路径选择。人们都担心房地产泡沫破灭，但是泡沫破灭终究要来临，害怕和维持是不现实的。只要中国的实体经济开始发展起来了，房地产泡沫的冲击也就会处于可以承受的范围之内了，中国经济也可能完成一个令世界惊奇的华丽转身。

借助本书的一个观点——“大危机需要大改革”，让我们一起为中国经济的命运、人民币的命运和我们生活的命运呼吁吧！

2012年9月17日于北京

推荐序2

一本有思想、有特色的金融读本

王克健

东方昆仑律师事务所高级合伙人

撰写一本有思想、有自己特色的金融类读本并非易事，这需要有对国际金融和经济走向的高度概括性把握、对国内金融和经济走向的精准切实的了解。这本书的面世，正是从上述两个方面奉献给读者一个思考的空间。

1978年，以农业经济体制改革为龙头的改革开放政策的诞生，标志着现代中国第一次主动地对外开放，标志着国家命运的战略性转折。我们以1978年为起点、每10年为一个周期进行观察，可以明确地领悟到为什么改革开放的四十多年对当代中国的发展留下如此深刻的影响，它甚至跨越了几千年经济社会文明没有走过的历史过程。1988年，中国人经历了一场通货膨胀所导致的抢购风，国有企业数以千计的工人下岗，人们对未来的预期一下子变得模糊和茫然，这是新中国成立后第一次最严重的通货膨胀，其肇始的根源即金融领域。1998年，香港主权回归不久，中国就遭遇了亚洲金融危机。中国以一国之力与国际游资进行了一场惊心动魄的区域金融战争，结果取得全胜，捍卫了小平同志“一国两制”伟大构思的胜利成果。但此时，中国尚徘徊在国际社会的边缘而未融入国际经济，人们尚未明显地感觉到生活的实质性变化。当改革向纵深发展进入第三个十年，伴随着中国加入WTO（世界贸易组织），中国经济列车驶入国际游戏大舞台的步伐已不可停止，更不可扭转。至第三个十年满期之时的2008年，裹挟在国际经济及金融大舞台中的国人便经历了无以言表的伤痛、喜悦和考验。翻开国际经济发展和金融发展史，这几乎是任何一个大国在发展过程中肯定要经历的磨难，只要国人正视磨难，不回避、不逃避，能够透过纷繁复杂的表象看透并抓住背后的本质，我们有理由相信中华民族的复兴和民众更加美好的未来，将在下一个三十年内实现。

古人云，“站高才能看远，看透才能看淡”。自2008年以来，世界各国金融乱象频发，危机四伏。其根本的因果关系在于“布雷顿森林体系”解体的直接后果。第二次世界大战行将结束的1944年7月，为了建立战后国际经济往来的新秩序，在美国新罕布尔什州的布雷顿森林召开了有44个国家参加的联合国与联盟国家国际货币金融会议。会议通过了以届时美国财政部经济学家怀特提出的“怀特计划”，并以“怀特计划”为基础，最终形成《联合国家货币金融会议的最终决议书》以及《国际货币基金协定》和《国际复兴开发银行协定》两个附件，总称“布雷顿森林体系”。体系核心有两个方面：第一是美元与黄金直接挂钩；第二是其他国家货币与美元挂钩，即同美元保持固定汇率关系。布雷顿森林体系实质上是一种国际金汇兑本位制，又称美元—黄金本位制，它使美元在战后国际货币体系中处于中心地位。美元实质上充当着黄金的等价物，各国货币只有通过美元才能与黄金发生关系。从那时候起，美元成了国际清算的主要手段和各国的主要储备货币。但“布雷顿森林体系”既然是以美元和黄金直接挂钩为基础的金汇兑本位制，它必须始终具备两个基本前提：一是美国国际收支应始终保持平衡，二是美国拥有绝对的黄金储备优势。但进入20世纪60年代以后，随着资本主义体系先天具有的自身危机的加深和世界各国政治经济发展不平衡的加剧，各国经济实力对比发生了变化，美国经济势力相对减弱。公开资料显示，1950年后，美国国际收支除个别年度略有顺差外，其余各年度都是逆差并且逐渐增加，到1971年仅上半年逆差就高达73亿美元。随着国际收入逆差的逐渐增加，美国黄金储备日益减少。新中国成立时的1949年，美国黄金储备为246亿美元，占当时整个资本主义世界黄金储备的73.4%，这是战后的最高数字。此后，尤其随着美国深陷越南战争和朝鲜战争的泥沼，美国政府狂发货币，美元国际信用严重下降，各国政府争先向美国政府兑换黄金，美国黄金储备难于应付，致“布雷顿森林体系”的基础发生动摇。体系的内在缺陷直接导致从1960年起，美元危机叠伏，全世界货币金融领域陷入日益混乱的局面。至1971年，美国的黄金储备只剩下102亿美元，而短期外债为520亿美元，黄金储备只相当于积欠外债的1/5。届时的尼克松总统宣布实行“新经济政策”，即宣布美元与黄金脱钩，停止各国政府兑换，是时“布雷顿森林体系”轰然倒塌。1973年，美元危机再次蔓延，美国再次宣布美元贬值，导致世界各国被迫相继实行浮动汇率制代替固定汇率制。

我国加入WTO后，必须直面世界经济的竞争和金融的冲击。世界经济的竞争，大致可以分成产品的竞争、产品标准的竞争和金融的竞争三个从低向高发展的竞争层次。中国改革开放后第三个十年结束即2008年之前的竞争，都还大致处于产品竞争和产品标准之争的历史阶段。但2008年以美国次贷危机为核爆中心的金融危机，裹挟着世界经济陷入大衰退。不可否认这里面有经济发展的周期律在起作用，但更让世人看清了美国政府为了其自身利益，滥用美元作为主要的国际清算货币和储备货币的优势、绑架世界经济的丑陋嘴脸，无论是欧元危机还是强逼人民币升值及吹大中国资产泡沫导致中国经济过热，都可以明显地感觉到美国政府和美联储的那双背后的手在推波助澜。是时，不管中国愿不愿意，都被迫将长期迎战世界金融的竞争。

世界经济潮起潮落，国际金融动荡不止，我们究竟该怎么办？这本读物将带给大家一个理性的思考，它好似一把开启思索的钥匙，交给你。

是为序。

2012年9月15日于上海

没有硝烟的天际线

一天清晨，当我在上海外滩和平饭店的北楼隔江眺望陆家嘴金融中心时，一条辽阔的天际线，在清晨的阳光中，展现着一个新兴城市的繁荣。我真的希望飞出一群鸽子，它们沉浸在清晨的阳光中，愉快地飞翔。那阳光像金色的水流抚摸着鸽子的翅膀。多么美好啊，多么安详！

我却没有笑起来，也没有那种心灵的愉悦。我想到的是摩天大楼指数，预示的是经济的衰退。因为陆家嘴本身先期崛起了一幢亚洲最高的楼——金茂大厦，就已经为上海的金融中心奠定了地位，当时的天际线是完美无缺的。但是，后来又崛起了一幢新的环球金融中心，将天际线切割成了两块。那种象征经济繁荣的骄傲不见了，给世人的感觉是互相攀比和炫耀。中国并不富裕，大量的底层民众生活非常艰难，我们却大量建筑高楼。这在经济学上被称为摩天大楼指数的咒语，应该很快应验了。

作为一个对国际金融进行长期研究的财经评论人士，我深知在这个城市的天际线下，将要发生的是一场没有硝烟的金融争夺战。它将会比常规战争更加激烈、更加冷酷、更加残忍，掠夺财富于无形，击溃经济体系于暗中，甚至改写一个经济体的历史进程。

由此，我想起1929年的全球经济危机爆发时，在英国伦敦的大街上，一个男人，当时他还不喜欢打V形手势，也没有叼着雪茄，而是两手一摊，仰面寒风，感叹道：My God，这是多么可怕的一天。这一天，英国股市狂跌，作为一个把资产都放在股市上的英国绅士，他的身价顿时缩水一半。他感到两腿发软，只是没有倒下去。这个人后来成为“二战”英雄、英国首相，他就是温斯顿·丘吉尔。

金融战争，是一场看不见硝烟的战争，但是，它对经济的破坏作用往往在一夜之间产生。亚洲金融风暴后，一向以快人快语著称的马来西亚总统——马哈蒂尔，在1997年9月宣称马来西亚在此次大劫案中损失极其惨重，共丢掉了40亿美元的外汇储备。马哈蒂尔咬牙切齿地骂道，那个该死的乔治·索罗斯使得马来西亚40年来的经济成果毁于一旦。马哈蒂尔发誓，永远不给该死的索罗斯发签证。

自　序

20世纪70年代，苏联的军事实力、经济实力不断加强，是当时全球唯一一个敢和美国叫板的国家。它却在一个晚上土崩瓦解，走向解体。很多人从政治的角度去理解苏联的巨变，却没有多少人从经济层面去发掘缘由。事实上，苏联的解体，与当时经济衰退有关，美国以军备竞赛的方式一手把苏联拖入了经济的绝境。这种战争没有明火执仗，不需要去别国的疆土上，更不用使用核武器，然而，杀伤力一样强悍；这种战争不是国家之间的争斗，但是，背后一定与国家利益有关；这种战争不是血肉相搏，却杀人于无形；这种战争重则瓦解一个国家，轻则掠夺全民财富。所以，我们绝对不要小瞧它。

我曾多次讲过，经济问题要注意两点：一个是规律性，另一个是周期性。所谓规律性，是指繁荣、衰退、调整和复苏，任何经济体都无法违背。一个健康的经济体，要努力维护繁荣，尽可能缩短衰退，要下大力气调整，促使尽快复苏。在经济繁荣期内要力图克服资产价格泡沫，一旦泡沫泛起，将摧毁一切繁荣。经济衰退时，尽可能避免的是弱势群体的困境，全社会都要关注弱势群体，为他们解决好衣食住行的生计问题，渡过难关。美国经济大萧条时，总统里根的儿子都在纽约大街上的寒风中排队领取救济金。经济调整时，应该充分调整到位，珍惜时机，抓紧时间转型。对中国来讲，就是要迅速提高全社会的消费力，才能促进生产。不能把制造业全部逼入破产的困境，这样做绝对没有好处。在经济复苏时，很多人会回归自然，就像20世纪70年代的美国那样，经济的发展带来了生态的破坏和空气的污染，很多白领将回归乡村，乡村音乐将会很流行，都市生活会逐渐被年轻群体抛弃。

另一个是周期性，我在写作《中国通胀，世界通缩》时，专门研究了全球经济周期性的变化，这才是经济的大趋势，这种趋势不是人力和财力所能扭转的。根据这种趋势，从2012年开始，美国经济将开始复苏，而全球许多国家，包括欧元区的国家、金砖四国、东南亚等国都将走进严重的衰退之中。因为支撑中国经济增长的动能基本消失，我们一切都得重建，还要积蓄新的经济增长的动能，这两个哪个都不是那么容易的。这种周期性是大趋势，是不可逆转的，而所有的财政政策、货币政策都只是技术性的，这种技术性的调整对大趋势毫无用处。也就是说，即使中国将来像美国一样实行零利率也无法刺激经济增长。

关于货币战争的历史，我不再多谈，因为很多读者都知道。历史的演变有很多相似之处，而未来则存在很多不同。而不同在何处，我们应该怎么应对，才是我们要探询的问题。在现代全球国际利益的竞争中，战争的开始是加入WTO，战争的结束就是金融风暴。也就是说，从中国加入WTO开始时，就注定这场金融风暴一定会来，各国应对的方式不同，结果也不一样。日本的结果是，房价泡沫破灭，全球贸易才得以保持。日本在经济上虽然不可能再出现高速增长，但是，国民创造财富的动力没有丝毫减弱，制造业品牌一直傲视全球，为日本创造了维持国民生活福祉的最大财富。亚洲四小龙，在这场金融风暴后，最后能够为国民创造财富的也是制造业，所以，国民渡过一段不长的艰难时期后，照样能享受到国民应该享受的福利。

有人问："中国经济有没有新的增长点？"答案很简单：新能源热早已过去，已经不能创造财富了；生物医药有点希望，但无法拉动整个经济；信息产业换代太快，却没几个公司真正赚钱；文化和教育产业火爆，但是是从年轻人身上割肉隐患无穷；中高级人才严重缺乏阻碍了产业升级；房地产、基建、加工制造业还是中国经济的发力点。

我们没有选择。房价泡沫破灭，忍受的痛苦是短暂的，制造业全体倒闭造成的恶果是长期的。究竟我们是考虑短期利益还是长期利益，这不仅仅只是关乎眼前利益和长期利益的问题，而且还是一个民族生死存亡的问题。我们没有时间回避，也不容我们回避。中国怎么应对，我们应该怎么应对，都是我们急于考虑的问题。

作为国家来说，要引导社会努力创造财富，而不应该去维护泡沫。货币战略的制高点是财政实力，而财政实力来自国民创造和企业在全球的竞争。中国经济界对积极的财政政策，集中理解为政府投资，这是对凯恩斯理论的极大误解，因而犯下了严重的错误。在凯恩斯理论中，积极的财政政策包括三个内容：第一，勤俭建国；第二，均衡税负；第三，社会保障。这三者都做好了，才有了经济实力，这是真实力。当然，还有软实力，那就是文化和教育。

作为个人来讲，国家应鼓励个人和家庭适当持有外汇。因为在这场金融风暴中，人民币的所有资产都可能受损，持有外汇可以避险。为了帮助大家认识这场战争，了解国际金融的基本常识，找出应对的方法，以及未来我们如何实现财富的增值和保值，本人不揣冒昧，斗胆就教于大家，欢迎广大读者批评、指正。同时，感谢磨铁图书的泽阳女士，感谢为本书顺利出版的所有工作人员，感谢一直以来支持和帮助我的热心读者。谢谢大家！

牛刀

2012年7月16日于上海

目 录

03

中国资本：人民币分布图 / 057

静观当代中国有三种资本：一种是国家资本，一种是民间资本，一种是民族资本。这三大资本占据中国经济的主导力量，不仅仅影响经济基础，也影响上层建筑。

04

中国货币：货币的数量和历史 / 097

中国的GDP只有美国的40%，人均GDP只有美国的1/9，但中国货币总量却高于美国2.65万亿美元。这样的数据意味着什么？

05

转型维艰：大危机急需大改革 / 131

在安徽一个县城，一望无际的住宅让我感叹。接待我的县长告诉我，现在真的不能做了，一开门首先遇到的问题就是债务。最近三年来，该县与全国其他2200个县级建制行政区一样，不顾一切保增长，目前累计债务170亿元人民币，而该县财政实际上只有6.5亿元，还贷款的利息都不够。

06

周期与趋势：给政府决策和家庭理财的建议 / 165

在美国经济衰退之际，美联储最大的使命就是把衰退的时间缩短到11年，而在经济繁荣的周期设法维护到17年。2012年，是这一周期的分水岭，中国、印度、巴西、俄罗斯开始进入通缩与衰退，而美国经济开始复苏。

十年间，国家财政收入增长了500%多，城镇居民可支配收入增长了200%，而农业人口可支配收入只增长了150%。一旦不能控制好就业增长或物价稳定，那几亿农业人口的生存状态将一泻千里。

01

箭在弦上：中美汇率战

国际金融不是一门独立的学问，它综合了许多学科的理论，既浅显明白，有时又有些深奥晦涩。说它浅显明白，有的财经专栏作家仅仅从国际新闻上就能看出端倪，可以撰写大篇文章，然后有理有据地展开评论。说它深奥晦涩，确实有一些非常难懂的金融专业工具和手段，很难让人理解，差之毫厘，谬以千里。我尽可能不使用专业术语，只用浅显明白的道理和大家慢慢讲述。

本章看似财经新闻评论，却掺杂了政治经济学和哲学，从细微处观察全球经济动态，逻辑不一定很严谨，但是，是我自己独立的思考。至于美元攻击人民币采用什么技术手段，我没有细写，只是讲了一个大概，主要是帮助大家打开思路，共同参与国际金融的研究，一同面对即将到来的金融风暴。国际金融确实比较复杂，所用的工具之多无法穷尽，有些精彩的看点，只有风暴将临时，我们才能评论，现在只是一种揣摩。

毫无例外的是，当国与国之间产生摩擦时，首先遭遇的问题是汇率问题。苏联之所以一夜之间土崩瓦解，就在于经济危机发生后，美元乘势攻击，致使1美元兑2卢布，迅速奔向1美元兑20卢布，黑市则飞涨到1400卢布兑1美元。最关键的问题，不在于戈尔巴乔夫，也不在于叶利钦，而在于卢布汇率的崩盘。

中国的现状与当年的卢布危机极其相似。目前，中国还能提供相对充足的就业岗位给广大年轻人去忙活，一旦这个路径失去，又怎么可能不出问题呢？

当今社会，中国经济增长的动能根本就不存在：外贸负增长，投资增速在下降，消费不可能增长；第二产业因为房价泡沫没有消除，已经产生大面积倒闭，中兴、华为、海尔等这样的大型企业，钢铁、建材、造船、船运、航空等行业全部产能过剩。2013年，中国GDP增长将滑落到5%以下，呈现的是硬着陆。这个时期往往是汇率大战爆发的时机。

中美金融战，谁是操盘手

2011年9月的一天，巴菲特走进白宫。这一历史事件被记者们描述成，巴菲特与奥巴马会晤，并向总统先生谏言，向富人征税，以解决目前华尔街的困境，并对“占领华尔街”活动作一个交代。全球财经界都报道了这条新闻。果真如此吗？非也。2012年4月17日，奥巴马“向富人征税”的提议遭到国会的否决。也就是说，如果巴菲特走进白宫只是提出这个建议，相当于无功，等于什么也没有说。巴菲特和奥巴马究竟谈论了什么问题，对全球经济将产生什么影响，可能永远都是一个历史秘密。

这么多年，巴菲特都没有进过白宫。为什么在这个时候走进白宫？我一直在思索这个问题，并时刻关注事态的进展。这件事情之后，是2011年11月G20（20国集团）峰会时，胡锦涛主席和奥巴马总统会晤后，在峰会上发表讲话时说：西方国家逼迫新经济体国家货币升值，这是我们坚决不能答应的。奥巴马当时没有回应，但是，第二天美国东部时间上午9时30分，伯南克发表声明：适当的时候，我们将采取提高基准利率的手段，打破一切资产泡沫。这分明就是对我国政府首脑声明的激烈反应。我当时非常吃惊，也发了一篇微博，激起了强烈的反响。

毫无疑问，中美两国之间的一场金融战，正在白热化。市场正在密切关注事态的进展。我也没日没夜地关注事态的发展，对这场金融大战进行全面的考量，并设想解救的办法。我首先考虑的是，对美元来说，谁是操盘手？这样，我不得不考虑的一个人就是巴菲特，我心里的感觉是，巴菲特去白宫，提出所谓“向富人征税”只是一个遮蔽公众舆论的幌子，其根本问题是商讨如何与人民币抗争的问题。而且，操盘手很有可能就是巴菲特团队。这样，我就假设一个问题，如果我是美元的操盘手，我可以怎么做？以求达到什么目的？

我们先来分析伯南克的“提高基准利率”。从事金融行业的人谁都知道，所谓“提高基准利率”就是加息。美元加息，对全球经济产生的影响是巨大的。一是促使美元回流本土，全球流动性会瞬间枯竭，导致的恶果比几年前的次贷危机更加严重。次贷危机期间，全球流动性瞬间枯竭，中国、韩国、日本、东南亚、欧洲、拉美等国和地区创巨痛深，中国短短三个月时间，大量出口企业倒闭，4000多万外来工失业，返乡潮在珠三角和长三角处处可见。从这个角度来看，美元加息，是人类经济史上的重大的事件，美国不可能轻易作出决定的，而一旦作出这个决定，将摧毁的不仅仅只是资产泡沫，而且还会是一个国家的经济体系。二是美元加息影响的是全球经济，绝不只是中国经济，这样的加息将会影响到其他国家。那么，全球经济一下子将陷入深深的泥潭中，无法自拔，这是美国不愿意看见的。所以，美国必须找出一个只针对中国，也就是只对人民币加息的手段，才可以打破中国的经济泡沫。究竟将会发生什么？我苦思冥想不得结果，全球财经界也没有人针对伯南克的讲话作出其他的评论。

正在我百思不解之时，2011年11月30日，美联储及其他五大央行，包括欧洲央行、日本央行、英国央行、瑞士央行和加拿大央行宣布，联手将美元流动性互换利率（也就是Swap，美元互换利率）下调50个基点。这下我明白了，这种金融手段最终产生的结果只会对中国产生作用，并将殃及巴西、印度和俄罗斯，而不影响其他国家经济的正常增长。很快，中国央行作出反应，宣布下调存款准备金率，释放流动性资金4000亿元人民币，相当于600亿美元。随后，我们都已经看见，从12月5日开始，人民币连续触及跌停跌停再跌停，外资纷纷出逃中国。是的，逃走一点热钱，对中国这样一个庞大的经济体是没有什么了不起的，但问题是，这件事情的最终结果不是逃走一点热钱这么简单。

这个声明，还有一句话值得我们研究，那就是“美联储发表声明，该行将把Swap下调至美元隔夜指数掉期利率（OIS）加50个基点，此前为美元隔夜指数掉期利率加100个基点，同时还将把互换协议的到期时间延长到2013年2月1日”。请注意这个时间节点，将来是具有历史性意义的。我一直在期待这一天的到来，那是中国很可能终结泡沫经济的时候。

2012年3月，日元对人民币实行大幅贬值，一个月贬值幅度突破7%。2012年4月，欧元对人民币实行大幅贬值，一个月贬值幅度突破9%。可以预见的未来是，英镑、加元和瑞士法郎也在找机会对人民币进行攻击。当这五大央行全部攻击完人民币后，美元就会聚集非常大的对人民币的升值能量，这将会即刻摧毁人民币汇率系统。这种情况很有可能出现在2013年2月1日，对美元来说很简单，只要美联储宣布，终结对全球五大央行的利率掉期互换，这种能量就等于美元直接对人民币加息50个基点以上。

一场场惨烈的金融战轰轰烈烈地展开了。

美元加息的时间点从哪里来

我初学哲学，除了接触马克思的《1844年哲学与经济学手稿》外，最喜欢看的是威廉·詹姆士的《实用主义》。后来接触了亚里士多德、柏拉图、黑格尔等许多古典西方哲学，有时真感到震惊。东西方的大不同，源于世界观和价值观的大不同。就拿货币来说，美元就在用现代哲学的思维来发现货币的价值所在，而人民币始终找不到方向。

有人问我："你在《牛刀说：我们怎样过上好日子》这本书当中，讲到量子基金做空中国的事，那么，量子基金究竟是什么基金呢？"从表面上看，量子基金只是一家公司的名称，本质上却不是这么简单，其内在的原因是复杂的。

目前，世界上只有美国有对冲基金。欧洲一些国家也有类似的基金，但正式名称不叫对冲基金。对冲基金声名显赫，许多人猜想它一定是"巨无霸"，其实大部分对冲基金的规模并不大。

排名前10位的美国国际对冲基金依次为：美洲豹基金（资产100亿美元），量子基金（资产60亿美元），量子工业基金（资产24亿美元），配额基金（资产17亿美元），奥马加海外合伙人基金（资产17亿美元），马弗立克基金（资产17亿美元），兹维格－迪美纳国际公司（资产16亿美元），类星体国际基金（资产15亿美元），SBC货币有价证券基金（资产15亿美元），佩里合伙人国际公司（资产13亿美元）。

这里的量子基金只是一家公司。但是，在美国，量子是物理学家和哲学家研究的对象，量子是宇宙间的一种能量，这种能量是现代物理学和哲学的最高价值。量子力学的本义是研究微观粒子的运动规律的物理学分支学科，它主要研究原子、分子、凝聚态物质，以及原子核和基本粒子的结构、性质的基础理论，它与相对论一起构成了现代物理学的理论基础。但是，在国际金融理论中，现在还缺乏系统性学术成果的支持。因此，如何将量子力学原理运用到货币当中，成为了美国许多金融学家和物理学家、哲学家非常关注的问题。

西方的哲学起源于希腊，发展于德国和意大利，应用于美国。实用主义是美国经济繁荣早期的价值观，影响了20世纪整个美洲经济。古典西方哲学的起源是逻辑学，严明的逻辑推理，是最原始的价值观，犹太人将这种价值观发展到极致。我们常说，西方人认死理。也就是说，西方人为人处世讲究原则，逻辑非常严明。反映在经济上就是注重规律性研究和周期性研究，繁荣、衰退、调整、复苏是经济的基本规律，而周期性来自对太阳黑子的研究。大量资料统计显示，太阳黑子运动的周期和人类经济活动周期基本保持一致，太阳黑子的活动周期平均为11年，最长周期可以达到17年。近几十来年，太阳黑子峰值年变化比较稳定，基本上保持在11年，上一次活动周期的峰值年出现在2000年，1996年是低谷期，下一个峰值年会是2011年或2012年。据美国家海洋和大气管理局太空环境中心预测，下一个太阳活动周期将从2008年3月开始，到2011年岁末或者2012年到达顶峰。也就是说，2012年是全球经济一个大的转折点，从市场表现来看，那就是通胀国家全部转向通缩，而通缩国家将逐步转向通胀。从经济增速来说，经济增速较快的“金砖四国”将开始减速，而增速较慢的国家开始恢复增长。

我在《中国通胀，世界通缩》一书中对美元势必会加息作过研究，判断出美元加息的时间节点也是基于这种理论。关于美元何时反转，基本趋势预期具有客观性，这是全球经济的大趋势。大的趋势一确立，其他趋势都是技术性的。天文现象与人文经济现象的相关性具有统计学价值，美联储的操作包括所谓的QE3（第三次量化宽松），欧元区、中国的加息和降息本质上都是技术性预期，无碍大趋势，因此进行参考即可。

美元的发展历程

自1970年起，全球发展进入后工业社会阶段，美元作为世界货币，其表面的“美金—石油美元”转换后面，是美元信用来源的“实际财富抵押—暴力抵押”的转换。该转换带来了一个全新的世界格局，即“美元—全球资源资产”“美元—非美货币”以及“美元—美国国债”的三个跷跷板结构。美元成为世界利益博弈的核心和按钮。2012年，美元进入第三个“17年大周期升浪”和临近“5年升值小周期”，世界由此处于“美元回流”和“美元升—全球资源资产贬”的格局之中。全球资产价格都将下跌，黄金泡沫和房价泡沫将会彻底破灭。这不是趋势，而是美元指数的最终走势决定的。读懂美元，很难很难。

“美元—全球资源资产”是什么

简单地说，美元了解了全球资源资产的全局性状态，并对人类使用的资源资产价值进行了全面的分析，将每一项资源的储量、未来价值、目前消耗量进行过测评，从而进行适时定价，以价格来平衡供需。这一招很管用，因为具有全球大宗资产价格的定价权，美国便周期性地对其他国家进行攻击。比方说，先是发动舆论，画一个大饼，吸引其他经济体参与，然后以低利率甚至QE（量化宽松）的方式释放美元，促使这些国家产生通胀，在资源的定价权上赚取暴利。最典型的就是提出“金砖四国”的称号，搞得这四个国家发生了长达十年的通胀，最后，回收美元，直接导致这四个国家从通胀走向通缩。

“美元—非美货币”是什么

美元霸权一旦确立，绝对不容许别的货币与其争霸。欧元区尝试与美元争锋，结果在12年的时间里，引发美元三次攻击欧元，直接将欧元区冲击得稀里哗啦。其他非美货币已经没有力量与美元较劲，唯有人民币一直在暗暗较劲。人民币的战略构想，美元很清楚，人民币是想在未来全球货币的竞争中脱颖而出，与美元、欧元形成三足鼎立之势，平分天下。一旦这种企图强烈，美元将在攻击欧元后，全力围剿人民币。一场新的“五次围剿与反围剿”将会轰轰烈烈地展开。

“美元—美国国债”是什么

一般观点都认为，美国的债务大部分是由中国所拥有，但事实并非如此。中国的确是拥有很多美债，但却占不了统治地位。其实和日本一样，美国的国债大多数也是为国内所持有。所以说，美国民众继续对美债违约的风险熟视无睹，损害的可能是自己的利益。而了解美国国债的具体持有情况，也是为防止可能到来的美债违约危机所做的必修功课。

以下分别列出了不同国家、地区及组织所持有的美国国债具体数目和百分比数据：

美国社保基金：2.67万亿美元(19%)

美国财政部：1.63万亿美元(11.3%)

中国（大陆）：1.16万亿美元(8%)

美国家庭：9594亿美元(6.6%)

日本：9124亿美元(6.4%)

国家和州政府：5061亿美元(3.5%)

私人养老基金：5047亿美元(3.5%)

英国：3465亿美元(2.4%)

货币市场互助基金：3377亿美元(2.4%)

国家、地方和联邦退休基金：3209亿美元(2.2%)

商业银行：3018亿美元(2.1%)

共同基金：3005亿美元(2%)

石油输出国：2298亿美元(1.6%)

巴西：2114亿美元(1.5%)

中国台湾：1534亿美元(1.1%)

加勒比海金融中心：1483亿美元(1%)

中国香港：1219亿美元(0.9%)

由以上数据可以看到，占美国国债比例最大的是美国社保基金，为19%。因为有一些美国特别国债只出售给社会保障信托基金，它们并非可公开交易的国库券，但一直构成大量的债务。而美国财政部的1.63万亿美元国债则多数是从量化宽松计划中借来的。美国财政部共欠外国人和外国政府45 140亿美元，但美国人拥有自己国家超过14.3万亿美元的债务。

美国国债在国际金融上所起的作用非常大。它与美元起的是一种跷跷板的效应，在金融上称作是对冲效应。美联储发放国债时，通常会按一定的比例收回货币。每当全球流动性过剩时，美联储采取的操作策略就是放国债收货币。而一旦全球流动性紧张时，美联储的操作就是放货币收国债。这样做的好处是，放出去的货币有美国国债作担保。全球资本市场之所以经常关注美国国债的变动情况，主要是以此判断全球市场流动性变动情况。一旦全球经济发生逆转，新经济体国家的资产泡沫就会破裂。

美元与人民币的对战

从华盛顿开始，美国人的枪是对外人的，而美国国内，只要是公民就都具有枪支的使用权。也就是说，大家都有枪，就不存在以枪说话，而是用规则说话。所以，美国的蛋糕是大家一起来商量怎么分的，人人有份。这样一来，大家很自然都会努力把蛋糕做大，然后拿到自己的那一份。

而人民币只在本国流通，东南亚有一些小国也有流通，在其他国家不行，要换成美元才行。这就注定着人民币只赚自己人的钱，没有钱了就开动印钞机印钞，因此，人民币对内一直贬值。而对外，天天送钱给别人，美国、欧洲、印度等都送几百亿美元，所以说，人民币对外一直升值。这样下去，绝对不可持续，因为货币尽管不是财富，但是，却是财富的象征。

目前，人民币正加快国际化进程，对内实行紧缩政策，稳定币值、稳定人心。因为利率浮动已经不是问题，本质上人民币的国际化是迅速完成人民币的自由兑换，那么，人民币在与国际接轨时的艰难跋涉将会告一段落，人民币将要逐步实现在全球的流通。我们甚至可以设想，我们以后放眼全球，哪里有钱赚就朝哪里奔。而美元已经结束了一个低利率和宽松预期，在未来的周期里，美元与人民币将走入与现在完全相反的周期，人民币兑美元将走入长达11年的贬值周期，最终实现人民币应有的价值，1美元兑人民币22元至40元的区间。

美元完成这个周期的趋势是这样形成的。

第一步，撤走制造业。

2011年，奥巴马发表国情咨文，里面有6次提到中国。这也是美国在200多年来，总统国情咨文提到中国最多的一次，并首次公然号召美国制造业撤回美国，意思就是不和中国玩了。从短期看，“回归本土”将拉高制造业的劳动力成本，不过在美国，政府和企业已就“保护就业”达成默契。近期，福特汽车公司已陆续从中国、日本和墨西哥撤回部分岗位，并计划到2015年在美国本土投资1600亿美元，并创造12 000个就业岗位。麻省理工学院工程系统专业教授、供应链管理专家大卫·辛奇-利维在2012年1月到2月间对105家公司进行了一次调查。结果显示，其中39%的企业正在考虑将部分生产业务转回美国本土。

2012年正值美国选举年，大批美国企业“回归本土”，让奥巴马总统喜出望外，因为这对他竞选连任有利。在奥巴马看来，美国制造业的“老底”依然厚实，但过度依赖金融业及服务业的经济增长模式让美国在金融危机中尝尽苦头。而回归实体经济、

“再工业化”成为奥巴马政府重塑美国竞争优势的重要战略。回过头来看，20世纪中期，中国、韩国、墨西哥等国制造业纷纷崛起，美国走向工业化进程，劳动力迅速向第三产业转移，制造业向新兴工业化国家转移，“产业空心化”态势逐渐显现。这使得21世纪的头十年成为美国制造业不断萎缩的十年。美国的就业和产出也不断下降，总就业人口从1979年峰值时期的约1960万人，直降40%至目前的约1180万人；制造业占GDP的比例从2000年的13.25%下滑至2009年的8.9%。而如今，中国等新兴国家与美国的比较优势已发生明显变化。美国智库的一份报告预测，到2015年，在美国销售的商品中，美国本土制造的产品将可能领先于中国。

分析人士认为，导致美国企业撤离中国的原因至少有两个方面：

一是中国不断提高的生产成本。2005—2010年，中国制造业工资年平均增长19%，而生产效率的增速只有其一半，造成单位劳动力成本上升。而从2009年中期到2011年，美国制造业员工每小时平均工资呈逐年下降之势，而生产效率却高于中国工人，加上美国一些州政府向企业提供了更多补贴，使更多企业放弃将生产转移至中国。

二是人民币因素。中国自2005年以来已允许人民币兑美元升值了约30%。由于人民币升值会提高中国产品在海外市场的售价，这对那些用在华工厂的产品供应全球客户的美国企业来说是坏消息，对已经离不开中国廉价产品的美国消费者也不是好事。但对于那些想把生产业务迁回美国的企业来说，却是件好事。曾是美国制造业骄傲和象征的汽车业，在金融危机中备受重创，经过一番“刮骨疗伤”后，如今否极泰来。通用汽车公司已经重回世界第一大汽车制造商的宝座，克莱斯勒在美国市场销量增长率高于其他对手，而福特正计划投资数十亿美元在美国本土投资建厂。汽车业“三大巨头”王者归来，正是美国制造业复苏的绝好注解。

第二步，撤回美国资本。

因为人民币在全球流通主要借助于美元，这就决定着我们将大量使用美元。而美元一旦撤离，我们的全球贸易将面临资金枯竭，这是一个众所周知的道理。Swap尽管不是资本市场的动员令，但是，客观上造成了国际热钱集中逃离中国的信号，因为这正是一项金融工具，撬动了市场上避险资金的需求，并且指明了方向。随后，中国城市居民取出人民币存款转向外汇存款，一下增大了外汇的持有额度，促使美元指数持续走强。

美国资本撤离中国，将使“美国制造”如虎添翼。对中国制造业来说，意味着“中国制造”在今后相当长的时间内会遭遇到强劲的对手。当前，美国企业生产的产品占全球制成品生产总值的21%——虽然中国的市场份额正在不断扩大，但也仅占到8%。

然而，更大的问题在于，正当美国制造业重振之际，中国制造业，除了人力成本急剧抬升外，原材料成本急剧抬升且越来越刚性，能源交通成本急剧抬升且越来越刚性……所有曾经有过的比较优势，似乎都在一去不返。让人担忧的是，大量资金因此不断从制造业抽离，投向股市和楼市。现在，美国制造业东山再起，将对中国制造业形成更大的压力。不过，潜在风险倒逼中国制造业转型升级。当务之急是给“中国制造”重新定位。这既是一项艰巨的任务，又是一道必须要迈过的坎。在这个过程中，中国制造业应该实现从以数量取胜转变到以质量取胜，从制造价格优势到制造价值优势的转变。

第三步，撤走技术和人才。

2011年春节回老家，我的同学、一个乡村老教师，他很伤感地告诉我：中国没希望了，孩子都出国了。也就是说，送孩子出国，永不回国，成为我们这一代人的生活方式。一代人远走他乡，中国人才断档的趋势越来越明显。

这三步走完后，美元将对人民币汇率发起最后的冲锋。那么，什么时候美元会加息呢？我的分析是，美国制造业撤回本土后。因为制造业撤回，美国就将动用全球大宗资产的定价权将大宗商品的价格打入底部，那么，极大地降低生产成本。比方说，我国进口铁矿石时，是全球大宗资产价格最高的时候，那时美国的制造业都在中国、墨西哥和巴西等国。他们撤回本土后需要大量的铁矿石，那就必然采取加息的手段打压大宗商品的价格。此时加息，除了降低生产成本，还能遏制本土通胀，是一举两得的好事，也为奥巴马连任产生社会影响。所以，这等于是向人民币发起第一次冲锋。

第一次冲锋。2013年2月1日，是Swap的到期日，这一天无疑将成为中国金融史上值得纪念的日子，可能是轰轰烈烈的一天。虽然我们现在并不知道美联储会怎么做，但是，很显然，美联储只有两种做法。一种是宣布取消与全球五大央行的利率互换掉期的约定，那么，在这一年全球五大央行对人民币进行攻击的所有能量，将一起集中作用于人民币，相当于美元单独对人民币加息50个基点，这将成为人民币兑美元巨幅贬值的开始，人民币的汇率很快进入7元人民币兑1美元的时代。就目前情况看，这种趋向越来越明显，美元加息的量能不断加大，已经到了可怕的地步，甚至可以说，已经到了可以瞬间摧毁一个经济体的地步。美联储还有一种做法，那就是宣布继续执行，那就是给人民币面子了，我今年不搞你，不断宣布降低利率政策维持到2014年底，给人民币一个机会。但愿我们能够读懂这个意思，不断修正内部的经济问题，刺破资产泡沫，继续维持泡沫是有害的。那么，美元第一次冲锋的时间就推迟到2014年。

第二次冲锋。在2014年后的10年间，人民币汇率将产生影响全球经济荣衰的巨大作用力，所以已经无法避免。第二次冲锋将发生在美元正式加息的时候，全球所有非美货币都将受到影响。如果中国经济无法进行自我修正，必将影响全球经济的健康运行，第二次冲锋必然选择中国经济大衰退的年代。此时，为了促进经济增长，中国必将扩大进口，逐步消耗外汇储备，待外汇储备的流动部分消耗完毕，第二次冲锋开始，人民币有可能即刻贬值到1美元换20元人民币左右。这时，美国制造业在全球有70%已经撤回本土，那么，美国钢材需求趋势大增，在攻击人民币之际，乘势打压铁矿石价格。那时，铁矿石价格将会回落到50美元至60美元之间。这样，美国钢材成本就会成为全球最低。

最后一次冲锋，人民币真正的价值将被打回原形，究竟多少，只有天知道。

人民币目前的处境

无论是对外还是对内，人民币都很艰难。先来说说对外：

人民币最强硬的对手无疑是美元。中美两国有着许多说不清道不明的事。我小时候，常听见大人们在谈论政治时说一句话：官有十条道，九条民不知。用于中美关系来说，两国首脑究竟要干啥，我们并不是很清楚。但是，我每天盯住美元指数的走势，看看美国在积蓄什么能量，什么时候爆发，爆发后产生什么后果，对谁影响最大，再来判断美联储的政策走势，这比瞎猜要好得多。

比方说，2012年欧元、雷亚尔、英镑、卢比、卢布等国家货币都在降息，而每一次这些货币降息，美元就会走强，美元走强集聚的能量就是加息。以此，我断定未来美元一定会加息，也印证了我在《中国通胀，世界通缩》这本书当中分析的“美元将分三次加息”的观点。美元没有什么阴谋，一切都在明处，因为在美元指数上可以感觉出来。

相反的是，中国央行要干啥，没有很市场化的东西来让我们作分析，突然就作出一个什么决定，让你猝不及防。比方说，2012年6−7月间不到一个月的时间里，央行突发奇想，两次降息。我当时就感到中国经济出大事了，那就是上半年的GDP不到8%的增长。唯有这一点，才能使央行手忙脚乱地搞两次降息。货币政策变来变去，搞得市场无所适从。

美元不同，美联储出台一个什么政策前，有的会经过三四年的考虑，有的甚至是前十年定的政策现在还在执行，给市场一个充分选择的时间和空间。

体制不同，观念不同，导致人民币和美元之间摩擦不断，互相攻击，互相算计。在汇率上争来争去，贸易上战火熊熊，最终为了什么？只有两个字：利益。这个说不清谁对谁错，总之，两者都有问题。美国的问题在哪儿？很简单，你用我的货币，就必须购买我的商品，这种道理在逻辑上是如此，问题是怎么定价，由谁定价，这些问题不解决，汇率大战就在所难免。而我们的问题在哪儿？也简单，我借助你挤进全球经济大循环，花一点代价交一点学费也不冤枉，但是，学成之后，我就要自立门户了。中国的这个想法当年日本人有过，现在欧洲人也有。结果是，日本后来永远成为美国的孙子，欧洲则被美元打得稀里哗啦，不成气候。目前，人民币的困境就在于以什么样的态度应对美国。说穿了，就是这么简单的事。但是，做起来却不那么容易，美元正在期待人民币的回答。

那么，中国应该如何选择呢？中国经济与其他经济体的不同就是体制，属于政府主导下的经济体制，那么，政府是以自己的信誉在背书。很显然，2009年，刺激经济计划时，政府并没有这么多钱，依靠财政投入根本行不通，只有依靠加大发钞，实行人民币对内的大幅贬值，才能刺激经济。据我的测算，这三年，人民币购买力平价已经跌去50%。2009年开始狂发货币，当年人民币购买力平价下降9%，2010年通胀爆发人民币购买力平价下降27%，2011年通胀达到顶峰，人民币购买力平价下降12%，2012年人民币购买力平价依然在下降。也就是说，通过发钞稀释人民币购买力来加大投资。

这样做的风险有三点。一是百姓肯定明白，因为这是向全民征收铸币税，等于强行征税刺激经济，如果大家都享受经济繁荣带来的好处，那么，税源就发挥了作用，社会就不会出现大的动荡。反之，如果经济出现衰退，或者出现将资产转移出境，那就不好交代。二是这种投资的效率肯定很低，也会助长腐败，必须有防范。三是必须保证GDP增长8%以上才能平衡政治、社会和经济的关系，而一旦低于8%的增长，系统性的风险就会彻底暴露，经济危机就将引发政治危机。

经过仔细测算，如果GDP低于8%，后果有二。一是金融系统债务风险全面爆发。仅就昆明一市来说，一年2000亿元人民币贷款，利息一年就要100亿元，政府的投资项目根本就没有效益。所以，不可能以利润来还，而昆明财政年年没有盈余，根本无法偿还利息，只有借旧还新。全国的地方政府其实都是如此，根本无法偿还债务，也根本就没有退出机制，总有一天会引爆。如果每年有8%的增长，就可以依然依靠发钞来还，如果低于8%，系统性风险就会爆发。二是保8与就业相关，我算了一下，如果减少0.5%的增长，全国就会增加失业人员1000万人，其中，有200万人是白领阶层。如果减少1%的增长，全国就会增加失业人员1500万至2000万人，其中，有大约500万年轻白领。如果经济像印度一样硬着陆，从7.5%的增长猛然滑落到5%，那将新增失业人员3000万到4000万人。

一旦经济增长猛然滑落，美元就会攻击人民币汇率。苏联当年就是这样解体的。形势非常危急。无论怎么拯救，2013年的GDP都不可能有5%的增长，至此，房价泡沫破灭，白领家庭纷纷断供，社会危机全面爆发。如果中国的经济增长速度低于8%，灾难可能就会发生：大部分新建的基础设施将会毫无用处；过剩的产能将在很多工厂存在很多年；房地产泡沫将会破裂；银行系统将面临大规模的坏账。

当下的人民币资产价格已经很高，无论做什么都亏损，所以，只有做期货或者做外汇，才有可能有很好的赢利，但是，风险系数很高，普通投资人应该慎重。

京东、苏宁、国美之战的预示

终于开战了。

在京东、苏宁、国美这三大电器商巨头都无法生存时，最后的疯狂便是价格大战。这时，京东宣布在2012年8月15日，实行全线降价，与苏宁、国美决一死战。8月14日，京东刘强东在腾讯微博上发出挑战："今天，我再次作出一个决定，京东大家电三年内零毛利！如果三年内，任何采销人员在大家电加上哪怕一元的毛利，都将立即遭到辞退！"

刘强东高调宣布，自8月15日起，京东所有大家电保证比国美、苏宁连锁店便宜至少10%以上！随即，易迅、苏宁、国美进行猛烈反击，声称一定比京东优惠。

8月15日，京东宣布："没有耐心陪着苏宁10元10元地降价了，今日上午11：00～12：00，直接发放200～300元和300～500元的大家电电子优惠券，相当于每件便宜300～500元，一步到位！另外，已经在8月14日之后下单的用户，无论是否付款，都将获得一定补偿！和苏宁的战争早着呢！请大家届时到微博领取！”

苏宁易购执行副总裁李斌针对性回应：1.苏宁易购包括家电在内的所有产品价格必然低于京东；2.如消费者发现价格高于京东，会即时调价，并给予已经购买反馈者两倍差价赔付；3.从8月14日9：00开始，苏宁易购启动史上最强力度的促销；4.宣言将“帮刘总提前、超额完成减员增效目标”。

国美宣战，国美官方在腾讯微博上宣布：“京东卖一元，国美就卖九毛五。废话不多说，明天(15日)9：00起，国美电器电子商城全线商品价格比京东商城低5%。”

一场规模宏大的炒作开始，无疑，这三家电器店的巨头都是赢家。战后，有的宣布，商品价格仅仅只是下降4.2%，有的宣布当天的销售规模增大10倍。那么，谁是输家？很多人不知道，其实我心里很清楚，中国所有的电器制造商都是输家，这叫作“外行看热闹，内行看门道”。我是这场炒作的旁观者，我心里最清楚。

近年来，由于实体经济被房价、人工、原材料拖累，生产价格大幅上涨，使售价进入高位，加之次贷、欧债外部多重危机，导致以加工业为主导的中国制造业产品严重积压。外部环境无法提高，政府提出拉动内需，于是以天猫、京东、凡客、苏宁、国美、QQ购物等电子商务网站爆炸式增长。同时，电子商务成为最受追捧的投资热项，资金大量流入，大鳄级别的商务大佬们以扩大市场占有率为目的，采取一揽子价格战，结果导致以低于成本出售及变相地压榨“中国制造”，由此热钱的涌入得以持续。其结果是，房地产最多算是泡沫，电子商务更像是炸弹。一旦资金链断裂，制造业的坏账将难以计算。

中国制造业的处境：1.无外销；2.无内需；3.坏账；4.全面上涨的房租、人工、原材料、汇率。而这些因素成链条反应：疲软的外需——►积压的库存——►急需的现金流——►电商的爆发——►热钱的蜂拥——►恶性的竞争——►泡沫的形成——►资金链的断裂——►制造业的坏账——►被迫的裁员——►无薪的百姓。那时，不管房价是10万一平方米还是1万一平方米对于国民已毫无意义！数字而已！发展的路子走错了可以改正，电子商务才是中国民族资本的掘墓人！

泡沫，最终极的泡沫将从制造业的大面积破产开始。这场炒作尽管可能不是华尔街的策划，但是，一定有华尔街的影子。否则，为何挑在这个时候爆发？因为这个时间节点，正好选在中国金融风暴前夕。

正如我在前面所说，2013年2月前后，Swap到期，我们将遭遇一场大的洗劫。不管以什么形式发生，对我们的影响都是非常大的，对国家、对个人都很攸关。现在，我只是在推测怎么发生，会产生什么后果。

第一，源于汇率断层的价格体系最终将被摧毁。

什么是源于汇率断层的价格体系呢？我来给大家作一下解释。在2012年4月16日之前，中国属于固定汇率的经济体，这种汇率由中国央行自己定出，每天给出中间价，在美国的要挟下，人民币10年来一直处在单边升值的通道上。因此，10年前，中国制定的税收政策是出口退税、进口加税。

出口退税是什么意思？简单地说，中国制造业出口产品在国际市场上一定具有竞争力，因为可以不需要考虑利润低价销售。这是什么道理？出口退税就是一笔数量可观的利润。在当时的历史条件下，这是国家为了鼓励出口创汇特地制定的政策。国家的考虑也很简单，只要你出口，我就印钞给你，国际结算由政府来完成，然后把这部分钱放在美国作为外汇储备起来。企业也很简单，省去了结汇上的麻烦。这样一来，企业就产生了一种严重的依赖性，只要接到单子就能赚钱，利润就是出口退税，所以接单时可以不考虑利润，一直把价格压到很低。假如，人民币一直升值，那么，就不会出问题，每年赚汇率的钱就可以有收益，比方说你年初在人民币6.5元兑换1美元签的单，在年底交货时国家可能按照人民币6.3元兑换1美元结汇，汇率上赚取的美元就比较可观。但是，只要人民币一停止升值，或者出现金融危机，比方说次贷危机、欧债危机，遇到其他国家汇率大幅波动时，损失就很大，没有利润设计的制造产品一旦失去汇率方面的收益，企业就只有一条出路——破产。

而进口加税是什么意思呢？按照国家制定的税务政策，所有进口到中国的产品都要加税。在人民币单边升值时，只要是进口的产品就要加税，这在客观上是为了保护民族工业，因为我们当时很落后，这样就造成进口商品和国际价格的不平等。比方说，一辆宝马3系车在欧美等国只要3万美元，在中国加税后达到38万元人民币，按照汇率相当于6万美元。这种巨大的价格落差，直接影响了人民币的价值。而且，这种情况是在人民币单边升值时发生的。如果人民币一旦停止升值，这种落差就会逐渐被抹平，这样就逼迫中国的所有汽车重新定价。所有的制造业都存在这个问题。

这种价格体系，在金融风暴发生后如果立马抹平，那么，对中国的制造业就会是一次重创，80%的制造业企业将面临破产。而在爆发金融风暴之前，他们首先将破坏中国制造业的价格体系，就会发生类似于京东等炒作出来的价格大战。

第二，外汇储备将被逐步耗尽。

我们的外汇储备不是我们直接创造的财富，而是政府利用外汇管制的办法囤积起来的。其真实的财富已经通过当时等值的人民币给予了社会财富的真正创造者，也就是说已经在国内消化完毕了。

我们的外汇储备已经购买美债、两房债券和其他金融产品，这些产品是以美元计价的，而不是美元本身。也就是说，不管美元贬值到什么价位，我们所持有的债券等产品只记数量不计价值。如果我们一直在升值的状态下，这只是资产的缩水与保值的问题，而一旦发生金融风暴，那就是有和无的问题。一个简单的问题，汇率变化的最大效应，就是人心涣散。中国城乡居民储蓄总额为38万亿元，过去在高通胀的蚕食下大多缩水严重，引发城乡居民的不满。汇率一旦发生变化，很多人就会将人民币取出换上美元，而外汇储备只有3.2万亿美元，折合人民币只有23万亿元，对应38万亿元的城乡居民储蓄根本不够，极易引发汇率崩盘。

货币数量巨大是因为房价上涨，而房价上涨必然创造货币。最终，泡沫将会现形。

第三，房价泡沫破灭。

房价泡沫的衍生是因为买房保值，这属于投机性炒作出来的价格，因此而被创造出来的泡沫必然要被挥发。平时大家都不为所动，金融风暴一来，将直接引发不动产的抛盘潮。这是资本的天性，是必然的。试想，630万元人民币的住宅折合美元为100万，人民币贬值到22元兑换1美元时，100万美元可兑换2200万元人民币。如果卖掉住宅，可以买现在的住宅三套，而住宅的价格将处在长期的下降通道，根本没法上涨。持有住宅不仅会一直贬值，而且，无法变现。多少标价都无所谓，因为没有成交。当然，人民币从6.35元贬值到22元需要多久的时间，我们无法评估，但有一点可以确定的是，一旦市场确定人民币会贬值到22元后，就面临人民币储蓄存款被挤兑。对付这种局面，唯一的办法是提高人民币的存款利率，这几乎是不可能的事。另外，对开发商来说，尤其是借了美元这个因素的开发商，或者是有海外房地产信托产品的开发商，这时要提防汇率巨幅波动的风险，以免一夜之间债务突然增加。

关于开发商的海外债务，我已经提到过多次。2010年，随着中国房产调控政策的出台，银行信贷紧缩，一些高杠杆经营的房地产企业融资产生困难。为了寻求长期稳定的资金来源，一些房企将融资渠道转向海外。财经作家叶楚华介绍，根据公开报道，具体的形式有碧桂园、恒大地产、佳兆业集团、雅居乐地产等在海外发行的以美元计价的涉外票据，有宝龙地产在海外发行的以美元计价的优先债券与优先票据。据统计，仅在2011年上半年，恒大、碧桂园、华润置地、中海外等十大标杆房企便进行海外融资324亿元，超过前一年的总和。整个2011年上半年，房企向海外资本市场融资的规模超过1000亿元人民币。内地房企海外融资始于2007年，随着融资规模的连年递增，发债息率也在逐年上升。根据世联地产、香港联交所的数据统计，2007−2009年，内地房企海外发债息率保持在5%左右，2010年上升至8%～10%，而2011年则普遍飙升至13%～15%。

对于内地房企的总体海外债务规模，目前尚无权威统计。据陈劲松估计："过往一年左右，在香港发行的中国房地产离岸的私募债，以项目为例大概有1000个，大概是两年期，2012年中陆续到期。”民间经济学家刘军洛在其新书《即将来临的第三次世界大萧条》中也注意到了内地房企的海外债务情况，并将其看作是墨西哥式的Tesobonos。叶楚华介绍，所谓Tesobonos是指某国企业在另一国的资本市场融资时采用第三国货币计价的债券融资方式，主要是美元，但债务支付的本息却是以本国货币来计价的，“离岸私募债就是Tesobonos融资方式，它是以本国货币作为利息偿付的中短期外币贷款”。

房地产海外债务与国内债务最大的不同在于它们会随着汇率市场波动而影响还债成本。“由于中国房企海外融资与Tesobonos性质完全一样，借美元兑换成人民币，再兑换成美元偿还债务。除了借贷利率超过12%外，房企还面临巨大的汇率风险，借贷过程需要经过两次货币兑换，因此汇率会导致非常高的偿付风险。”叶楚华说。比如，中国房地产商在人民币汇率6.5时向海外拆借美元资金利息是12%。如果拆借100亿美元资金，利息12%，到期应该归还112亿美元。此时，汇率维持在1美元兑6.5元人民币时，企业需要拿出728亿元人民币，如果此时人民币汇率升值达到6元兑1美元，房地产商只需要用672亿元人民币去结算这笔债务，房企的融资成本与债务负担较低。但如果人民币贬值，房企的偿债压力将陡增。

道理很简单，就看开发商自己怎么应对了。

中国的全民投机有去无回

全民投机，而在资本市场投机者一向都是80%的人血本无归，赚钱的只是极少数。而在中国楼市，投机客人人赚钱，这只能说明一场大的经济灾难，甚至是政治灾难和社会灾难即将一起降临。

1929年，华尔街发生股灾时，一个基金的创始人天天在华尔街数着看有多少人跳楼，最多的一天有7个人跳楼。我们大骂这是资本主义的冷酷，残忍得没有人性，看着别人跳楼。2008年百年老店雷曼兄弟破产时，而美国总统闻知此事后，嘴角都没有歪一下。经济危机时，必然有人会为此付出代价，这是对人性贪欲的惩罚。如果这种股市崩盘发生在上海陆家嘴金融中心，中国人会大叫："兄弟，不要跳楼，我来救你！"2008年，当时有着"华南五虎"之称的广东五大开发商，包括恒大地产、珠江地产、富力地产、合生创展和碧桂园濒临绝境时，中国的4万亿元刺激经济计划，就是大叫"兄弟，我来救你"的典型事例。结果是，开发商是救活了，房价却翻了一倍，房价泡沫一下冲到极致，全球经济史上都未经见。

一问一答

问：看过你的博客，我想问的是，美联储有没有可能将Swap延期？

答：有可能。各国政治家彼此都有交往，为避免对中国金融体系伤害过大，也许会让Swap延期一年或者两年，不让金融风暴爆发。但是，国际资本不是傻子，不会放着一块到了嘴边的肥肉不吃。所有的国际资本都是嗜血的，谁让我们的3.2万亿外汇储备完全暴露在国际资本的火力下？从本性上说，国际资本没有任何政治倾向，也不一定会为政治服务。所以，很难说。

问：巴菲特团队有这个实力吗？

答：我只是讲操盘手有可能是巴菲特团队。但是，市场的力量是很大的。当年，索罗斯攻击泰铢时，后来有许多对冲基金加盟，才愈演愈烈。仅就巴菲特团队来看，实力也不小。

2011年12月11日，在一档美国电视新闻节目中，巴菲特明确表示希望从事农业的大儿子霍华德·巴菲特担任伯克希尔·哈撒韦公司非执行董事长一职。其实，由于伯克希尔这个商业王国实在是非常庞大、非常复杂，所以巴菲特安排的并不仅仅是一个接班人，而是由董事长、首席执行官、投资官三驾马车组成的一个管理团队，而驾驭这三驾马车的人并不是巴菲特的大儿子霍华德，而是巴菲特的干儿子比尔·盖茨。

和微软、苹果、埃克森石油等公司一样，伯克希尔也是世界500强企业之一，按照传统的销售收入排名第28位。但是如果按照净资产排名，伯克希尔就是全球第一，而且已经多年排名第一。微软、苹果、埃克森石油等公司业务相对非常单一，主业突出，但伯克希尔的业务非常复杂。巴菲特在年报中将公司业务分成六大板块：

第一块也是最核心的是保险业务：保险业务的核心是再保险业务，包括伯克希尔·哈撒韦再保险集团公司、通用再保险公司和公司持股的慕尼黑再保险公司，几乎占据了全球再保险业务的半壁江山。公司还全资拥有美国第二大汽车保险公司GEICO。公司还拥有一些小型保险公司。2010年，保险业务赢利20亿美元，保险浮存金638亿美元，是公司投资最主要的资金来源，是伯克希尔公司的发动机。

第二块是制造业务、服务业务和零售业务：2010年总销售收入666亿美元，赢利25亿美元。包括ISCAR金属切割公司、NETJETS分时航空服务公司、McLane分销公司、Shaw地毯公司等70多家公司。

第三块是受管制的资本密集型的公用事业公司：一个是美国三大铁路公司之一、拥有23 000英里（约37 007公里）铁路的伯灵顿北方铁路公司，2010年销售收入168亿美元，赢利25亿美元；一个是美国最大的电力供应商之一、为240万户居民供电的中美能源，营业收入19亿美元，净利润12亿美元。

第四块是金融和金融产品业务：这是规模最小的一块，包括两家租赁公司，分别是经营拖车租赁业务的XTRA公司和经营家具租赁的CORT家具公司，以及全美最大的预制房屋生产商和融资公司Clayton Homes。

第五块是股票投资业务：2010年底股票组合市值615亿美元，账面浮盈278亿美元。

第六块是金融衍生品业务：目前所有合约低于80亿美元。

由此来看，他应该是操作金融衍生品这一块。金融衍生品如何操作，使用什么工具，我们一无所知。如果是他攻击人民币，他会怎么做，我们同样一无所知。按照国际资本的特性讲，出其不意，攻其不备，似乎是常规打法。在2011年12月5日开始，人民币连续12个交易日触及跌停的情况来看，那等于一次预演，我们央行大约动用了290亿美元干预市场，血本无归，后来被迫宣布，从4月16日开始加大波幅，实际上等于是宣布人民币利率从4月16日起自由浮动，国际资本才罢休。

这一次恐怕没那么简单。外汇市场一天的成交量大约在6.5万亿美元，是一个无法控制的市场，这些资本完全就是哪里有钱就往哪里奔。也就是说，不在乎巴菲特团队本身有多大的实力，而在乎他的号召力。

中国人的秉性和西方人不同。拿破仑当年第一次流放出来后，身边没有一兵一卒，但是，沿途就有越来越多的人愿意追随他，于是，最后拿破仑又当上了君王。中国老百姓不这样，中国老百姓是谁赢跟谁走，这点在电影《让子弹飞》中描述得很经典，从众的心理与生俱来。所以，我们很难设想究竟会有多少资本追随巴菲特，也就不能评估他的团队实力。

问：中国金融管理层应该怎样对付这场金融风暴？

答：首先现在就要作好准备，要稳定国内政治、经济和社会的局势，这点很重要；其次，做好防御，尤其是要掌握开发商究竟借了多少美元，有多少海外债务到期。最后，要组织专业团队对付这场金融风暴，尽可能避免损失。

问：QE3推出对Swap的影响有多大？

答：当时没考虑这个因素，只考虑低利率的影响力度。QE3

其实意味着美元汇率的持续走低，这个时候，无论美元汇率怎么走，对欧元、日元、英镑、瑞士法郎和加元这五大货币都不产生影响，因为他们和美元的汇率是绑定的，而人民币同美元汇率没有绑定。那么，这时美元汇率走低，对Swap将聚集更大的能量。如果没有QE3，美元换人民币第一阶段是8到12元，而有了QE3，底部将会抬高到9元至12元。

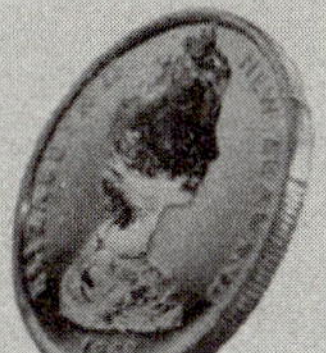

02

汇率模型：人民币贬值

一国汇率的计算模型，在国际金融学上没有定论。因为汇率是市场对货币与货币之间的判断标准，其价值是市场自然形成的，本不需要建立数据模型进行计算。但是，中国却不同，2012年4月16日之前，中国汇率是由央行设定的。这种汇率管制导致的结果是人民币兑美元的单边升值。可是，就如同中国经济不可能永远上涨一样，人民币也永远不可能一直升值，现在人民币已经出现末梢效应，随后，一定是大幅贬值。这个趋势，是不可阻挡的。

这里面的逻辑关系非常清晰。从2005年开始，美元对中国扩张，在6.8元的价位开始买进人民币资产，只要人民币升值，美元就会坐收渔利。甚至可以说，哪怕所投资的企业没有赢利，只要赚取人民币升值的钱就能获取暴利，所以，外资和国际热钱就会拼命流进中国。反之，只要人民币平稳不变，那么，国际热钱就会流出。这都是基本趋势，是不可逆转的。也就是说，只要人民币升值到顶，中国经济就会进入衰退，人民币就会大幅贬值。那么，贬值到什么水准，未知汇率究竟是多少，就必须设计出合理的数据模型，才能计算出来。本章提供的数据模型，采取比对式计算方法，逻辑上采取1+1式推进，综合考虑GDP、货币总量和外汇储备等因素，基本上说比较科学。但是，缺陷也有，一是无法真正认定中国GDP的真实性，二是无法将黄金储备的因素考虑进去，三是无法判定年限，因此，留点遗憾。

关于年限，因为未来不可预知的因素太多，不可妄加揣摩，也不适合运用逻辑推理，所以，没有在汇率模型中考虑。

美好想象总是遭遇残酷现实

《南方都市报》记者杨涛发来一份采访提纲，要求我为《南方都市报》来深圳12周年写点东西，理由是当年的房价赌局，最终由徐滇庆教授在《南方都市报》刊登半版道歉广告而结束。毕竟，这场巨大的经济危机的最大转折点的标志就是那场赌局。他若不说，我已经不想再提起那场赌局。

但是，那场偶然的赌局把我推上风口浪尖。从此，我开始专注于宏观经济、国际金融的研究，尽管不成学术体系，总是可以解读目前的一些经济现象。

毫无疑问，生活成本和生产成本的提高，所有的人和企业都来不及防备。我们未来的许多年都要为这轮房价泡沫埋单。货币体系已经出现问题。有的经济学家形容中国的泡沫有三分之一如同当年的拉美，有三分之二像20世纪90年代的日本。不管是何种性质的泡沫，结果都一样，那就是：经济大衰退的格局已经定下了。这不是什么经济减速的问题，而是经济危机的全面爆发。

早些时候，一个上海女孩定居希腊数年，这次想回上海，专门找我聊了聊中国经济未来的趋势。理由是，希腊太糟了，尽管目前生活质量没有受到多大的影响，但是，失业率在上升。很多家庭过惯了好日子，已经不太愿意降低生活质量，但现在有些家庭连肉都吃不起。

我们谈了下希腊的现状，更深的问题我就没有和她谈。因为我非常喜欢希腊，不希望希腊发生大的经济危机，这只是我的一个愿望而已。西方文明，是以古希腊的爱琴海文明发展而来的。古希腊文明，建立在形式逻辑的基础上，从1加1等于2这样的逻辑出发，去推演世界，探索宇宙。古希腊不仅建立了发达的数学体系，同时，建立了相当完整的哲学体系，如古希腊三贤：苏格拉底、柏拉图和亚里士多德。他们皆为伟大的思想家、哲学家、逻辑学家。从宇宙演变的基本形态来看，确实在相当程度上遵循了逻辑运行的规则。我喜欢希腊，是因为一直在研究西方文化对中国文化的影响。西方文化的数理逻辑相当严明，而中国文化倾向于想象，很多结论性的东西，不依赖逻辑来推理。这从经济上来讲，就是大家不相信经济规律，只相信对未来的预期，而未来总是美好的。

这种无限美好的前景不能实现时，所有的愿望都会破灭。

例如，人民币在2010年、2011年、2012年，这三年出现了大幅贬值。2009年，我吃的大米是8毛钱一斤，现在要4.8元一斤。也就是说，大米涨了6倍。汽油涨了2倍，水电燃气全面上涨，工人工资也涨了2倍，洗车费在2009年只要10元钱，现在要

30元到50元。海南天涯海角景点门票2009年是65元，经常打折到50元，现在是100元，还不打折。而现在的房价相对2009年只是涨了一倍，前段时间，很多楼盘价格回到了2009年。这就意味着相对其他商品，房价不但没有上涨，反而没有贬值到位。不过，北京、上海、深圳、广州很多楼盘都涨了2倍，但不是普遍的。房价上涨就是彻头彻尾的骗局，完全是货币贬值的先行指标，是在市场上的提前反应。

这一场财富的大洗盘还没有结束，谁胜谁负还很难说。可以肯定的是，在2010年和2011年高位买房的人大多数是血本无归。即使名义上还是当时的价格，其实至少也面临货币贬值一倍的损失。市场正在等待最后的结果，那就是人民币的超发究竟对美元了贬值多少。如果贬值到12.6元，那持有不动产的人就彻底惨了。持有现金的人如果是在6.3元的时候换好美元，再在12.6元换回人民币，可以买两套现在同样的住宅。

金融阻击战与人民币的反击

对于未来的金融风暴，除了中国金融监管高层有所察觉外，市场对此毫无察觉，仍然在懵懵懂懂地过着恍恍惚惚的桃花源的日子，全然不知有汉，也无论魏晋。在写作《穷人通胀，富人通缩》这本书时，根据当时的情况，我推测国际资本必然发动对人民币的攻击，预期在2012年6月5日后发生（详见《穷人通胀，富人通缩》一书第221页）。当时的表述是：

如果压迫人民币升值，仅仅只是解决美国国内的财政危机，那也就罢了。但是，美国的战略意图却是，采取金融手段，发动对人民币的货币战争。汇率只是一个方面，而另一方面是用资本阻击人民币。2012年6月5日，美国各大财团将动用虚拟资本近4万亿美元，全面发动对人民币的阻击战。人民币开始大幅贬值，房价泡沫开始破灭。

这个事件发生的节点是根据日本当年在汇率升值末梢的时间节点来推算的。现在的情况是，2011年11月30日，美联储联合全球五大央行（欧元、日元、英镑、加元和瑞士法郎）宣布，该行将把美元互换利率至美元隔夜指数掉期利率加50基点（此前为100基点），同时还将把互换协议的到期时间延长到2013年2月1日。此后，从2011年12月5日开始，人民币连续12个交易日不断触及跌停。唯一的办法，就是实行汇率自由浮动。2012年4月16日，中国央行被迫宣布将利率波幅从0.5%扩大到1%。4月下旬，周小川在G20峰会上宣布，人民币汇率将随市场自由浮动。央行前任货币政策委员会委员夏斌紧接着放风说：2016年前，人民币将实行自由兑换。一切都在预示：中国金融改革已经提前，而这是让美元逼的。

这场金融阻击战从2011年12月5日就已经开始，而且是美联储联合全球五大央行，一起来阻击人民币。那么，目前进展如何？

日元黑天鹅

2012年4月，首先是日元对人民币放出一只黑天鹅。

日元在该月对人民币大幅贬值。最为可恨的是，一面对人民币贬值，一面挑起钓鱼岛事端，搞什么发起购买钓鱼岛的签名活动。这是十分可恨的事。

谢国忠在分析这个问题时指出：

日本只有一条出路，那就是将日元大幅贬值。如果稳定的国家债务是GDP的120%，日元就需要贬值40%，因为贬值最终相当于名义GDP的增加。除了诱导增长的重新定价以外，这对于恢复日本税收是必要的，贬值或能维持日本2%～3%的名义GDP增长。通缩已经造成日本税收在GDP中比例的下降，只有通过重塑名义GDP才能扭转。而40%的贬值可以恢复日本对德国和韩国的竞争力，给日本经济复苏打下基础。

就像1998年一样，日元崩溃对中韩两国的影响最大，这将会对两国工业产生巨大打击。如果银行体系不够健全，这种冲击可能会打垮整个经济。像1997年的东南亚和韩国一样，中国已经面临过度投资和房地产泡沫所带来的麻烦。

2012年的整个4月，日元对人民币至少贬值5%。这对人民币构成巨大的压力，直接影响人民币的体系。

欧元黑天鹅

2012年5月，欧元在日元之后对人民币大幅贬值。

据中国外汇交易中心公布，5月31日，银行间外汇市场上欧元、美元对人民币汇率中间价分别为1欧元对人民币7.835 1元、1美元对人民币6.335 5元。至此，5月份欧元对人民币中间价大跌4581个基点或5.5%，美元对人民币中间价则上涨了568个基点或0.9%。

美元和欧元对人民币汇率的迥异表现，与二者在国际市场上的“冰火两重天”走势密切相关。进入5月份以来，围绕欧债问题产生的负面消息接连不断。先是法国新任总统奥朗德上台后，“德法联盟”在刺激经济与财政紧缩孰优孰劣问题上出现分歧，给解决欧债危机进程蒙上了阴影。随后，希腊议会大选胜出的三大政党先后组阁失败，不得不宣布在6月中旬重新举行大选。市场担心，如果希腊无法组建有效的政府并继续履行紧缩措施，希腊将面临债务违约，甚至可能退出欧元区，进而引发欧元解体风险。而临近月末，西班牙银行业困境又成为了市场关注的焦点，随着西班牙主权信用评级遭遇下调，其10年期国债收益率直逼7%

的求助临界线。而意大利国债收益率也受到牵连，在6月30日年内首次超过6%。

接连而来的打击，市场正在逐渐丧失对欧元的信心，欧元在国际外汇市场上的走势一泻千里。5月30日，欧元对美元跌破1.240 0，创下2010年7月2日以来新低，美元指数则一举突破83关口，创下21个月以来的新高。

人民币反击

在无可奈何的情况下，人民币被迫反击。人民币在国际金融激战中，一直处在被动状态，大敌当前，不得不加以反击。

第一步：与日元自由兑换。

2012年5月29日，我针对中国外汇交易中心作出的“人民币与日元直接交易”在微博上作出评论：【人民币反击美元】中国外汇交易中心29日宣布，经中国人民银行授权，自2012年6月1日起，银行间外汇市场完善人民币对日元的交易方式，发展人民币对日元直接交易。不过，2012年4月，日元给人民币放了一只黑天鹅。

一位网友分析说：日元对人民币兑换是对美元的一个标志性的重大打击，这意味着美元的影响力明显下降。日元和人民币自由兑换的话，日本资金进出中国就很方便了。日本央行最近要搞日本版“QE”，在“QE”的低息压力下，会有大量的日本资金进入中国套利。如此一来，外汇占款短期内又能够持续增长了。日本是有名的印钞票大国，金融博弈将向深入发展。

其实，人民币与日元直接交易也没什么好担心的，不过是个标价问题。

所以，人民币国际化的大方向没什么问题，但是先后的次序非常重要。像日元这种低息而又劣迹斑斑的货币应该最后放松管制，应该先找些高息的不容易被国际游资利用的软柿子货币来做试点，逐渐扩大范围到一揽子货币，再到美元，低息日元一定要放到最后。

第二步：购买黄金打压美元指数。

2012年5月30日，美元指数在接二连三的攻城拔寨之后，冲上83点，直接将黄金价格打入1533美元。黄金价格1522美元是一个重要的支撑点，如果下破1522美元，将会直接下探1486美元，市场的恐慌性抛盘将会出现。为了打击美元的嚣张气焰，借非农数据来袭之前，中国海外投资集团有限公司（简称中投）在短短五分钟的时间内，将黄金价格拉上1560美元。紧接着第二天，中投再接再厉，将黄金价格拉上1600美元上方。

此时，中投出手的原因是国内外汇存款急剧攀升，许多居民将人民币存款转为美元存款。如果黄金价格恐慌性下跌，那么，势必有很多现货黄金持有人将抛空黄金，转向对美元资产的投资，从而使美元指数进一步上涨。这对人民币十分不利，因为人民币发放太多，再加上股市和楼市这两个池子，前一个池子已经破了，后一个池子泡沫巨大随时会破，再多的钱进去都会被蒸发，只有拉抬黄金价格，才能回收一部分货币。问题是，黄金价格的定价权是美元，显而易见的是，1522美元绝对不是黄金的底线。那么，一个简单的道理就是，中投公司这个时候买进黄金越多，将来亏损就越大。

第三步：实现人民币自由兑换。

其实与日元直接交易最大的意义就在于实现人民币自由兑换的试点意义，为2016年前实现人民币自由兑换创造条件。这对人民币来说，是必须走的一步，也是艰难的一步。唯有如此，人民币才能做大、做强。对于房价来说，这是致命的，因为所有人民币的持币人投资渠道一下子打开了。

人民币对美元最后会贬值到22.73元

人民币贬值这个问题值得我们深思，也与人民币最后的价值有关。现在来看，所谓的Swap完全是冲着人民币来的。首先我们要问两个问题：

第一个是为什么美联储和全球五大央行联合实行利率互换掉期，并下调利率50个基点？在这时限里，全球五大央行的货币无论怎样对人民币大幅贬值，对美元的利益都会保持不变。

但是，如果一到时限，美元宣布取消利率互换，那么，所有其他货币对人民币的大幅贬值，就会即刻产生效应。而这个效应将会大到在很短的时间里，人民币对美元大幅贬值，市场产生恐慌，在中国，美元将很难相求。又由于中国外汇管理规定，每个公民每年只能购买5万美元，这将会导致黑市美元交易猖獗，甚至价格暴涨，这对人民币极其不利。最后的结局是，人民币将被迫实行自由兑换。

第二个是为什么将时间延至2013年2月1日。很简单，如果按照一年期规定，从2011年12月5日至2012年12月5日，这个时候，中国的许多开发商的房地产信托产品到了赎回的日子，人民币汇率如果贬值到7.3元人民币兑1美元，那么，意味着这些开发商每1000亿美元就要多还1000元人民币，这就是刘军洛先生讲的“墨西哥快速死亡法”。虽然美国不会做出让中国的开发商成片死亡的事来，但这将会导致中国经济的硬着陆，对美国、对全球经济都将产生负面影响，因而将时间延至2013年2月1日，让中国的开发商避过偿债的高峰。

中国的开发商即使躲过了这个偿债的高峰，但只要人民币兑美元大幅贬值，那么，我们终将面临两个窘境：一是美元将出逃得干干净净，不留后患；二是人民币持币人将大规模购买美元，市场上的美元将供不应求。而不动产的持有者却很难逃出。当年日本资金市场猛然发现日元贬值的趋势，开始大规模持有外汇。

1992年和1993年两年间，日本房价泡沫破灭，日本民间持有外汇总额猛增到5万亿美元，至今还有6万亿美元的规模。

美国的这一招是极为凶险的。

其一，直捣中国经济的软肋——房价泡沫，让所有人猝不及防。目前，中国经济泡沫有软着陆的趋势。但是，因为欧债危机和全球经济下滑，放大房价泡沫会将中国民间最后一点购买力全部吸引进楼市，以拉动经济增长，这恰恰是美国最为高兴的事，可以一把绞杀中国民间资本。此时，聚集在华尔街的中国民间资本圈养的操盘手全力做空人民币，促使人民币大幅贬值。如果贬值到20元人民币兑换1美元，那么，持有不动产的人就会全部傻眼。打个比方，现在630万元人民币值100万美元，而几年后，100美元可以兑换人民币2000万，那实际可购买三套630万元的房子，谁还敢持有不动产。根本就不用开征房产税，就会将所有空置住宅逼出来。如果中国居民将手持的人民币存款转化为美元，那3.1万亿美元，按现实汇率约合20万亿元人民币的外汇储备，将瞬间面对38万亿元人民币居民储蓄存款的挤兑。

房价泡沫的本质，是人民币的贬值，这一下就显形了。

其二，全球货币就会将中国的外汇储备作为对手盘进行攻击。

我们的外汇储备一直就是国际资本垂涎的资产，个个都欲吞之。因此，汇率大战是迟早的事。该来的一定会来，我们一定要做好充分的应对措施。了解人民币的兴衰和我们的未来，是本书要探讨的问题。本人将全面揭示中国在这个时代的发展和将要进行的转型，从历史的、哲学的角度分析我们的未来。

就眼下来看，大家最为关心的是，人民币兑美元最后会贬值到什么地步？

关于汇率模型，有两种方法可以建立模型：一种是万千商品价格比对法，这种模型要花很大力气，选择有特色、能够表现货币价值的商品要费很大的功夫，不是我们个人能够完成的，需要大量的经费才行；一种方法是货币总量、GDP总量、外汇储备、目前利率和未知汇率的测算模型。我当时在2011年在写作《中国通胀，世界通缩》时，是用第二种方法测算的。

我在写作《中国通胀，世界通缩》时采用了中性的数据模型，当时，M2（广义货币供应量）是2010年末的数据。给出的答案是：1美元兑人民币将会到22.73元人民币。这是以2010年的M2总量计算出来的，因为数据运算非常复杂，再加上不知道2011年以后M2的实际增速为多少，也不知道采用国际信用证方式释放了多少美元，所以，不一定很科学。但是，众多的财经人士采用不同的数据模型最后计算的结果显示，最高的数据模型建立在未来M2继续以17%速度膨胀，那么，人民币最后兑美元将会达到40元，最低的数据模型运算是17.94元。

2010年美国的M2余额9万亿美元，中国的GDP是美国的三分之一，按GDP核算，中国的M2余额应该是3万亿美元，那么人民币兑美元汇率是(71−2.6×6.6)×X=3。

(中国M2余额−外汇余额×现有汇率)×未知汇率=3万亿美元。（注：未知汇率是公式可计算的实际汇率）

未知汇率=（71−17.16）/3=53.84/3≈17.94

这个等式中，有几点要注意。1.事后央行公布的M2总量不是71万亿元，而是72.58万亿元。

2.本模型未将黄金储备列入参考，其原因是国际黄金价格正在变动。目前，美国拥有黄金储备8600吨，中国为1054吨，我们只有美国的八分之一。美国黄金储备的来源主要是“二战”后的战利品，而中国黄金储备来自外汇储备的购买。

3.读者据此公式测算，除考虑以上因素外，要考虑后续数据的实际变动。现在的汇率模型是92万亿［人民币M2金额−3.2（外汇储备）×6.3（人民币汇率）＝72，现在真实汇率是72÷3＝24］。

未来有两个趋势是无法避免的：一是为了国际贸易的数据好看，我们将被迫扩大进口，贸易逆差持续扩大；二是人民币存款人会将储蓄转为外汇存款，人民币储蓄存款有38万亿元，而外汇储备只有22万亿元。上面这两个趋势，如果来势凶猛，外汇储备会逐步耗尽，人民币兑美元的实际汇率是1∶17.94。这是按照2010年末的数据测算的，因为中国的经济增长是依赖货币发行拉动的，实际GDP数据有很大的水分，贬值水平远超17.94元。按照我的测算，如果按照现在的90万亿元M2来计算，22.73元的水平是我们可以看见的。

截至2011年，美国的M2为10万亿美元，GDP是15万亿美元，而截至本书写作时，中国M2刚刚突破90万亿元人民币。大家可以想一想，这样无休无止地将货币发行下去，会出现什么样的结果？可以想见的是，人民币最终会出现大量贬值，人民币的贬值会产生持有人民币，包括人民币资产和不动产的主体性亏损，将意味着，人民币的国际化只是用现有人民币的升值代价换取的一场梦。

一问一答

问：如果我国央行强制将人民币汇率固定在一个区间是否可行？

答：可能不行。金融风暴最后的目的，是通过市场的强制手段寻找一国货币对应的真正的价值。也就是说，整个国际资本市场都发现有的货币与实际价值不符，影响了国际贸易的公平，而这个国家本身并没有发现，尤其是一贯实行固定汇率的国家。

我们要做的，是调整我们的经济结构，在制造业生产的过程中，注重成本的降低和科技的创新，以加强国际市场的竞争力。

问：为什么在这以前美国国会一直要求人民币升值？而如果金融风暴爆发，按你的汇率模型来看人民币兑美元是大幅贬值，怎么解释这种现象？

答：很容易解释。美元包括美元资产来到中国，一定是为了赚钱。比方说，在人民币6.8元兑1美元时购买了人民币资产，只要人民币一直升值，那么，按照中国固定汇率的结汇模式，外汇储备会大幅增加，人民币在国内就会加大发行，国际热钱就会流进中国，必然会引起人民币资产价格上涨。人民币升值越多，外汇储备增加就会越多，中国资产价格涨势就越猛，美元资产膨胀的就越多，这就是所谓的赚取汇率的钱。

但是，凡事都有一个极限。如果人民币一直升值，中国资产价格就会一直上涨，美元获利就越大。所以，美元实行低利率政策，一把通胀之火在中国、印度、巴西和俄罗斯等国熊熊燃烧。不仅如此，美元还推出QE1、QE2等量化宽松的措施，促使这些国家资产价格暴涨。问题是，人民币升值到6.3元时就已经升值不动了。原因有四。一是中国通胀的烈火熊熊燃烧，货币发行超大，对内贬值幅度不断加大，资产泡沫严重。二是“路易斯拐点（路易斯拐点是指已经没有闲置的农村劳动力）”的出现，人力成本大涨，企业不堪重负，一批一批地倒闭。三是地价上涨使所有制造业成本上涨。四是各种产能全面过剩。美元一看，资产价格已经到顶，经济新一轮周期来临，于是，开始将美元及其美元资产撤回本土。那么，所有跨国企业在中国都加大生产、推高库存，以货物冲抵在中国金融系统的贷款，而库存总量高得惊人，几年都无法消化。

也就是说，人民币升值并不是寻找人民币兑美元的真正价值，而是为美元在中国赚钱服务的，升值越多，对美元越有利。而一旦美元和美元资产都回归本土，那么，人民币的价值就必须回归。这就是未来十年的人民币历程，也就是说，人民币将会进入贬值的通道。

问：人民币贬值对中国经济有什么影响？

答：这个是分阶段的。关键是第一战役的时候，我们如何在金融风暴中减少损失。关于损失问题，我前面已经讲过，这里不再进行过多的赘述。

从美元对欧元的攻击中，我们可以看出，从长达12年的周期里，美元对欧元发起了三次进攻，把欧元从1.56元的价位，打回1.2元，最后可能会实现1元的目的。我的分析是，美元对人民币的攻击，第一阶段会将人民币打回到8.2元才会罢休。所以，我们先分析这个价位对中国经济的影响。

对中国的出口企业来讲，这是一件好事。因为，这说明：第一，出口企业不需要再依赖出口退税了，做起国际贸易来更加方便，企业可以自主结汇，自然会处理汇率损失问题；第二，中国通胀的问题得到有效控制，资产价格自动与国际接轨，包括房价；第三，央行不需要用印钞这种简单的方法来处理货币问题，只需要用汇率来调节货币供应问题就够了；第四，促使中国的出口企业产品更新换代和转型，这种动力，远比当局制定政策要强大得多。可以想象，中国的广交会再也不会死气沉沉，会为广东省的经济带来一轮新的繁荣。

对中国的进口来讲，很多贸易壁垒可以取消，进口加税也不必了。这样，中美之间不需要为贸易问题天天打官司。换一句话来说，中国与全球贸易的问题，由于汇率的自由浮动，加快了与全球经济运行的步伐，少了政府的许多中间环节，以后的政府只要在外交上、国防上巩固中国在全球的地位，保证中国企业的安全运行就行了。

在第一阶段结束后，中国经济的健康发展会在危机中带来积极的因素，有可能促使中国企业的尽快转型。

问：私人投资者如何避险？

答：很显然，囤积不动产的人这一下全完。因为他们已经没有财力配置外汇资产，无法避险，只能眼睁睁地看见自己的资产缩水，抛盘都来不及。其他私人投资者只要配置好外汇资产，就能躲过金融风暴，实现资产的增值和保值。

03

中国资本：人民币分布图

我们这个时代究竟是一个什么时代，是我们高度关注的事。

打开历史，资本在西方的形成方式与东方截然不同，连君主之死的方式都令人惊叹。在英国资本主义早期，查理一世走上断头台，和他两个不满10岁的女儿诀别（两个王子和王后已避难）。1649年1月30日，伦敦冬日的阳光依然灿烂，刽子手为防止查理一世挣扎，特地找来绳索准备绑缚，但是，查理一世含笑观之。他甚至拿出一顶丝质睡帽，将自己的长发笼括进去，对刽子手说，让他先默默做祷告。祷告完毕，他伸出双手，让刽子手动手。"英国绅士"一词由此而来。临刑前，查理一世说出了宽恕他仇人的话，希望英国公民享有自由的权利，并嘱咐生者召开一个全国性的宗教会议。从此，"绅士风度"风靡欧洲，成为资本主义一个代名词。香港在英国殖民期间，就设有"太平绅士"制度，并保留至今。这个就是源于查理一世行刑前的乐观和豁达。

著名学者黄仁宇在研究英国资本主义的形成时，给资本主义作出如下定义：资本主义是一种经济的组织与制度，内中物品之生产与分配，以私人资本出面主持，大凡一个国家采取这种制度以扩充国民资本为当前主要任务之一，所以私人资本也在其政治生活中占有特殊的比重。因此，资本主义必须由法制维持。

静观当代中国有三种资本：一种是国家资本；一种是民间资本；一种是民族资本。这三大资本占据中国经济的主导力量。不仅仅影响经济基础，也影响上层建筑。

第一节

国家资本迅猛扩张

国家的资本分为先天资本和后天资本。

国家的先天资本包括：国家刚成立时的国土、海洋面积及其所拥有的宝藏；国家刚成立时拥有的人口数量；国家刚成立时拥有的人口质量（如专业技术人员、有特殊才能的人员）；接受前朝的机器、厂房等固定资产；接受前朝的黄金、外币等；接受前朝的武器……这些资本有些是有价的，有的是无价的、不可估量的，要看我们赋予后天的发掘和经济发展所创造的劳动价值后才可以估算。这些资产的流向各国不同，这与社会制度有关。真正的资本主义国家，这些资产的很大一部分流向私人，并以产权的形式确定下来。而在权力集中的国家，常常由国家垄断。

国家的后天资本即国家运转起来后获得的资本，比如通过财政积累并投资所获得的资本；通过对外战争所掠夺得来的资本；通过金融手段从国外掠夺的资本；持有他国的国债和股权等金融资产，如1.15万亿美国国债，等等。国家的强盛与否，不取决于货币多少、GDP多少，而取决于向世界扩张多少，赚取多少全球其他经济体的财富，而不是将本国的财富拱手送人。这是两种完全不同的价值观。

国家资本的主要形式有实物资本与货币资本两种。国家的实物资本才是一个国家的命脉所在，土地和海洋及其包含的可再生资源和不可再生资源是一个国家最重要的国家实物资本。所以，当战败导致割地的时候，全国人民都会悲痛。

比如，一个国家在与另一个国家打仗的时候，最终打的是你有多少矿山、石油、机器设备、生产能力等，而不是你有多少货币。事实上，一场战争打下来，货币会贬值得跟废纸差不多了。

货币资本变来变去

国家资本可以通过投资、学习、战争、贸易、科技发明而获得。国家与国家之间，也可以用通货膨胀来互相陷害。我们学习国际金融常识时，有时会发现，国际金融其实就是通胀与通缩的一场游戏。中国和美国正在结账，我们欠美国的是美元，所以，我们的货币不会放松。而美国欠我们的是商品，可能还会提高大宗资产的价格。

比如，C国家购买了A国家7000亿的国债，A国家如果能操纵全球外汇市场和商品市场让本国货币贬值，则C国家持有的这7000亿A国家的国债就会受到损失。但是如果C国到全球市场上购买了7000亿的石油、煤炭、天然气、铁矿石……并且运回来堆在自己国家，则永远不会受到损失——就像购买了其他国家的土地一样。这就是日本用日元购买中国的煤炭，全部倒在附近海域进行战略储藏的主要原因。为什么每个国家都那么看重土地？那是因为土地下面有矿藏，土地上面长森林、长粮食，而这些才是关系到一个国家生死存亡的根本性资本。透支资源、发展经济，实际上是寅吃卯粮，用后人的财富。通过金融战争获得的资本已经大量出现。

战争不一定表现为枪炮火药，金融战争和贸易战争是一场没有硝烟的战争。股票：通过操纵对手国家的股票市场，在股票价格的大起大落中卷走对手国家普通民众的货币资本。债券：引诱对手国家大量购买本国的国债、公司债，相当于为自己国家引进外资。如果对手国家购买得太多，就制造了一场经济危机，让这些债券大幅度贬值，损害对手国家的利益。这就是2008年美国次贷危机的本质。汇率：通过操纵本国的利率以及国际市场上不同货币之间的汇率关系，让对手国家在实物贸易和金融变动中受到损失。这就是美国在和其他经济体进行贸易往来后，最后结账时所采取的措施。

能购买国家资本的时候尽可能购买。据说，美国购买阿拉斯加大片国土只用了很少的货币（土地是一个国家最重要的资本）。因此，当一个国家有机会用货币去换回土地的时候，应该毫不犹豫地去换。因为从长期看，货币的发展只有一个方向——贬值。所以，我们无论是东北的土地，还是南海或东海，一寸山河一寸血，寸土必争。

中国的金融业是国家的主要资本

《中国银行业监督管理委员会2011年报》显示：截至2011年底，我国银行业金融机构资产总额达113.3万亿元，同比增长18.9%；负债总额106.1万亿元，同比增长18.6%；所有者权益7.2万亿元，同比增长23.6%；商业银行整体加权平均资本充足率12.71%，同比上升0.55个百分点，390家商业银行的资本充足率水平全部超过8%；银行业金融机构不良贷款余额1.05万亿元，同比减少1904亿元，不良贷款率1.77%，同比下降0.66个百分点；商业银行贷款损失准备金余额1.19万亿元，同比增加2461亿元；拨备覆盖率278.1%，同比提高60.4个百分点，风险抵补能力进一步提高。中国金融业资产规模，在这轮通胀中急剧增长。中国的金融业在高度垄断之下，目前已经蚕食了所有企业的利润，如果金融业继续停留在垄断的地位上，国家尽管有钱花，但是，经济的大萧条就将来临。

2012年的全国“两会”上，周小川为金融业暴利作出了辩解。我当时写了一篇博客，是关于金融时报记者对周小川的采访：

金融时报记者：“银行暴利”的问题近来引起各方关注，有分析说，“银行暴利”主要是和现阶段存在的利率管制以及金融市场准入门槛较高等因素有关，对此央行有什么看法？在这个过程中，可能和存款保险制度的推出还是有一定关系，刚才胡副行长也说过，那么下一阶段，尤其是今年存款保险制度会具体推进到什么程度？也想了解一下央行这方面的打算。

周小川：首先，这个问题要有一个定义，用“暴利”这个词恐怕有些过分了。银行业系统今年恐怕还面临着资本金不足的问题，还有一定的缺口。但是相对于其他行业，去年银行业的利润状况确实是不错的。同时我想讲，对银行业的利润，大家要注意观察，可能有多种因素，其中有一种因素存在很大的周期性。众所周知，西方金融危机出现以来，有很多银行由于自身的问题，特别是资本不足的问题，导致他们现在不怎么活跃，也不怎么支持实体经济的发展。这种状况也表明，过去有些看着赢利很好的银行现在怎么情况这么糟糕呢，这和经济周期的关系比较大。

从亚洲金融风暴到现在，我国存贷款基准利率的利差大致在3%左右，其中在亚洲金融风暴期间高一些，大约是3.6%。但是，大家也知道，亚洲金融风暴期间以及危机恢复期间，银行是全面亏损的，而且亏损留下的窟窿，之后好多年都没有完全补上。那个时候的利差比较高，而现在的利差则有所收窄。所以，高利润是否完全是利差的原因，还需要进一步分析。

说到利差，刚才胡副行长也谈到了利率市场化改革的各方面内容，但是各个进程都需要稳步地进行。至于高利润是否和金融服务业特别是银行业市场准入有关系？这个问题的提出还是有一定道理的，但是可能由银监会来回答更准确一些。是否和存保有关系？存保的建立，作为一种条件，会对金融市场准入的放宽、对利率市场化的推进、对存款人的保护等各个方面都会起到积极作用。因此，是写入今年初召开的全国金融工作会议的内容，这件事情反正迟早是要向前推进的，这个推进确实对各方面的改革是有好处的，对将来的竞争格局会也会有好处。因此，这是个积极的因素。

从这里可以看出，小川同志只字不提商业银行的高度垄断，也不提负利率，更不提巨大的利差，却大谈周期性。意思是说，是银行业正常的行为。那么，我们先来看看负利率：

《长江日报》报道，据国家统计局报告：2011年全年，我国CPI（消费物价指数）比上年上涨5.4%；而最新调整的银行一年定期存款利率为3.5%，百姓实际存款利息收益为-1.9%。也就是说，把钱存一年定期，一万元会“缩水”190元。根据央行数据，截至2011年底，金融机构居民存款余额达到35.2万亿元，如果按照这个规模计算，全国居民一年存款财富缩水达6600多亿元，相当于全国居民人均财富缩水了500余元。

资料显示，在中国经济市场中，负利率现象并不少见。

从20世纪90年代至今，我国已经经历了四次负利率阶段。第一次是20世纪90年代初期，历时38个月，持续时间最长。在此期间，物价大幅上涨，央行两次上调存款利率，并且动用了保值贴补率这一措施。而此次负利率出现6个月后，央行才第一次加息，名义利率最高到10.98%，加息幅度与27.7%的CPI同比增长幅度相比十分有限。

第二次负利率阶段始于2003年底，止于2005年初，程度并不像上次那么严重，实际上也是三次负利率中最轻的一次：名义利率达到了历史最低值1.98%，比当前2.25%低27个基点，CPI表现并不突出。本次负利率阶段的通胀压力远小于第一次，通胀水平不高，并且新一轮的经济发展刚刚起步，因此央行在负利率一年后才选择加息。

第三次负利率开始于2007年2月，历时21个月。负利率前期，居民存款活化更为显著，后期二者的活定比均大幅回落，存款定期化趋势抬头，这与央行连续6次加息密切相关。

最近一次开始于2010年的2月，持续了24个月。此间，央行使用了4次加息手段，将一年期存贷款利率上调了2个百分点。

稍微算一算就应该知道，城乡居民储蓄存款缩水了多少。

再来看看银行的利润：

“中国A股2010年全年利润为17 850亿元，金融业利润占了8429亿元。而准备金按照78.7万亿元冻结的资金大概是16.9万亿元，如果按照3.5%的利息来算，总成本大约为5900亿元，按照银行间拆借年率利息总成本8460亿元。准备金的成本加上金融业利润已经吞噬了几乎中国所有行业的利润，这难道还不足以说明商业银行的利润是何等的暴利吗？”

货币贬值这一块，银行业赚了多少钱，我们就不去说它了，仅从这两笔钱，可见我们的金融业是多么富有。

越大越亏的央企

中国的央企是国家资本的支柱，是有其傲视其他资本的理由的。所以，两桶油无论如何定价，都是有恃无恐的。

国务院国资委提供的数据显示，近年来，国有企业的数量在减少，但整体素质和竞争力大大增强。2002–2011年，中央企业的资产总额从7.13万亿元增加到28万亿元；营业收入从3.36万亿元增加到20万亿元，位列“全球500强”的中央企业数量达到38家。中央企业承担了全国几乎全部的原油、天然气和乙烯生产，提供了全部的基础电信服务和大部分增值服务，发电量占全国60%以上，生产的高附加值、钢材约占全国60%。2002-2011年，中央企业上缴税金从2926亿元增加到1.7万亿元，年均增长20%以上。中央企业大力开展境外资源开发和互利合作，中国铁建、中国水电等央企发挥技术优势和成本优势，争得了一大批海外项目。如今的中央企业已是行业的排头兵、国民经济的支柱力量。一句话，大的国计民生的产业，全由央企垄断。如果央企一旦发挥作用，其力量是无比强大的，足以在瞬间摧毁其他资本。

而在对外上，央企无疑是中国国际金融战的主力，尽管屡战屡败，也无法由其他的企业替代。在巴基斯坦，我们花了100多亿元，好不容易建了一个港口。结果，美国人去巴基斯坦反恐，把我们港口周边炸得稀里哗啦，谁还敢去港口？我们在伊朗投资了一条输油管道，伊朗又被美国人把经济搞垮得差不多，霍尔木兹海峡经常出事。我们投资的重点转向哪里，美国就把事情搞到哪里，这的确是一件很伤脑筋的事。我们有3.2万亿美元的外汇储备，除了购买1.15万亿美元美国国债外，还买了1.7万亿“两房”债券和其他债券，可供流通的外汇根本就不多。

中国海外投资集团承担着国家资本在海外的投资，每年都会出现巨亏。然而，这家公司因为承担的是国家金融战略的执行，很多是花钱也必须做的。比方说，在2011年12月5日后，对人民币汇率的护盘行为，砸进多少钱也必须做。再比方说，在国际上对付对冲基金对中国的冲击，等等。

专家称70%的海外投资处于亏损状态，今后5到10年或有一半沉没。2004年以来，中国共有14家企业在海外发生巨额亏损，14个项目累计亏损达950.5亿元。这是中国国际问题研究所特约研究员，中国前驻伊朗、阿联酋、荷兰大使华黎明在首届外交官经济论坛上给出的数据。

“近千亿亏损让人触目惊心，实际上这还是冰山的一角，中国对外投资真实存在的风险要比现在已经暴露的大得多。”华黎明说。过去的两年半，中国对外投资超过6000亿元人民币，而且预计在今后5到10年间，将会有一半的投资会沉没。北京外国语大学法学院院长万猛也对《华夏时报》记者表示，目前中国对外投资企业中，70%都处于亏损状态。

商务部公布的最新统计数字显示：中国目前已经在全球177个国家、地区境外投资企业13 000家，对外投资积累达到2457亿美元。2010年上半年，中国作为收购方的并购交易额排在美国之后，居全球第二位。中国企业对外投资热情高涨，与此相应的是海外投资的频频失败，这些巨额亏损的企业往往是大中型国有企业。2009年9月，中国中铁在波兰A2高速公路项目亏损，亏损总额达4.47亿美元。2009年底，中化集团在海外投资的3个油气田项目，累计亏损1 526.62万美元。2011年6月，中国铁建投资沙特轻轨项目亏损达人民币41.48亿元。2011年7月初，中铝宣布澳大利亚昆士兰奥鲁昆铝土矿资源开发项目最终告吹，项目损失高达3.4亿元。此外，还有一些海外投资亏损则是一笔糊涂账。比如，2010年6月，中钢集团在澳大利亚的铁矿石项目暂停，具体损失没有数据显示。

中国石油大学2010年的一份报告显示，受管理制度及国际投资环境等因素的影响，三大石油公司在海外的亏损项目达到2/3。国企“走出去”面临的主要困难是体制问题。“走出去是企业走出去，而不是政府走出去，更不是国家走出去。”华黎明说。这也许能够帮助我们理解为什么许多国有企业在“走出去”的过程中，主观与客观常常相背离，常常把可行性报告变成是可批性的报告，常常在公司能力不具备、对合同不完全了解、可行性分析不到位的情况下，作出巨额投资的决定。

华黎明分析认为，中国的央企都是特大的企业，领导人的任期更多是政府的行政周期，而不是市场经济的企业周期，为了追求政绩，追逐政策是最省事、最容易的。“他们在国内的一些政治优势，正是导致这些央企和国企在国外项目遭遇滑铁卢的原因。”对于这些企业亏损的原因，华黎明分析道。中国的国企，尤其是垄断行业的央企，由于其生长的独特环境造就了独特的央企文化。央企大部分存在着这样的心理：发展靠中国政府日益增长的国际影响力，合同的问题可以通过双方政府进行重新调整，在需要的情况下，中国政府会出面兜底。

中国企业走出去面临的除了传统意义上的法律、文化以及市场等风险之外，今后要更加重视政治风险。“欧洲主权债务危机带来门户开放与抄底的机遇，我们中国企业需要把握这样的机遇。但是在把握这样的机遇的同时，中国企业又需要时时刻刻提醒自己，不要犯冒进翻车的风险。”商务部国际贸易经济合作研究院中贸研究部研究员梅新育提醒投资者。梅新育说，2012年是全球政治超级特殊的年份，经济变动和政权变更两个因素正在加大当前发展中国家和地区的战乱风险。从政治方面看，2012年有59个国家和地区面临领导权变更，发展中国家的选举争议不断，选举常常成为撕裂社会的工具。

从经济方面看，21世纪这头十年，除了中国之外的其他所有的主要新兴市场经济体，其经济增长在很大程度上仍然是由初级产品产业增长所驱动的。这种初级产品产业增长所驱动的经济增长模式，在熊市到来时会面临转折，经济变动正在加大当前发展中国家和地区的战乱风险。

国家财政收入是每年的可变动资产

2011年，全国财政收入103 740亿元，比上年增加20 639亿元，增长24.8%。其中，中央本级收入51 306亿元，比上年增加8818亿元，增长20.8%；地方本级收入52 434亿元，比上年增加11 821亿元，增长29.1%。财政收入中的税收收入89 720亿元，增长22.6%；非税收入14 020亿元，增长41.7%。

全国财政收入主要项目情况如下：

1.国内增值税24 267亿元，比上年增加3173亿元，增长15%。与工业增加值增长和工业生产者出厂价格上涨情况基本适应。

2.国内消费税6936亿元，比上年增加864亿元，增长14.2%。

3.营业税13 679亿元，比上年增加2521亿元，增长22.6%。主要是固定资产投资保持较快增长，自2010年10月以来，央行5次加息等因素带动建筑业、金融保险业营业税增长。受商品房销售下降相应房地产营业税下降影响，四季度营业税增幅回落至18.3%。

4.企业所得税16 760亿元，比上年增加3917亿元，增长30.5%，增幅较高，主要是2010年企业效益较好，带动2011年汇算清缴上年企业所得税收入增加较多，以及2011年企业利润总体增长较快带动预缴企业所得税增加。受第四季度以来工业企业利润增幅下滑影响，预缴企业所得税增幅回落至18.4%。

5.个人所得税6054亿元，比上年增加1217亿元，增长25.2%。其中，第四季度个人所得税下降5.5%，主要是受自9月1日起提高个人所得税工薪所得减除费用标准的影响。个人所得税月均减少138亿元，改革实施四个月减轻居民负担550亿元。

6.进口货物增值税、消费税13 560亿元，比上年增加3070亿元，增长29.3%；关税2559亿元，比上年增加531亿元，增长26.2%。累计增幅较高，主要受全年一般贸易进口增长31%的带动。受国际大宗商品价格高位回落等因素影响，四季度进口环节税收增幅回落至15.5%。

7.出口货物退增值税、消费税9205亿元，比上年多退1877亿元，增长25.6%。与全年一般贸易出口增长27.3%基本适应。

8.车辆购置税2044亿元，比上年增加252亿元，增长14.1%。

9.证券交易印花税438亿元，比上年减少106亿元，下降19.4%。

10.城市维护建设税2777亿元，比上年增加890亿元，增长47.2%。主要受2010年12月1日起对外资企业征收城市维护建设税翘尾增收的影响。

11.地方小税种收入情况：土地增值税2063亿元，增长61.3%，主要是税务部门加强了预征和清算管理；房产税1102亿元，增长23.3%；耕地占用税1072亿元，增长20.6%；契税2764亿元，增长12.1%。

12.非税收入14 020亿元，比上年增加4129亿元，增长41.7%。其中，地方非税收入11 343亿元，比上年增加3431亿元，增长43.4%，主要是按有关规定将原预算外资金纳入预算管理带动非税收入增加较多。

十年来，国家资本傲视群雄，步步攀升。

特别是在这一轮通胀中，央行总资产迅速膨胀，跃居全球第一。美联储是业界公认的世界上最有影响力的中央银行，而中国央行则是世界上资产规模最大的中央银行。截至2012年2月末，中国央行的总资产达到28.33万亿元人民币，约合4.5万亿美元，超过美联储和欧洲央行。在过去的五年里，央行的总资产增长了119%，并于2011年末达到28万亿元人民币，而知名度更高的美联储、欧洲央行在2011年末资产规模分别为3万亿美元和3.5万亿美元。中国央行资产负债表的扩张和结构变化，主要反映了中国出口导向增长模式、人民币升值预期和外汇储备的积累，外汇储备增加的过程就是人民银行资产增加和基础货币上升的过程。

与之对应，中国的广义货币(广义货币为流通中的现金、支票存款以及转账信用卡存款、储蓄存款、政府债券的总和)在过去五年中也增长了146%。2011年末余额已达到85.2万亿元，约合13.5万亿美元，居世界首位，而美国2011年末M2规模仅为9.6万亿美元。2012年2月底，中国的M2再次刷新至86.7万亿元人民币，约合13.8万亿美元。根据渣打银行的测算，在刚刚过去的2011年，中国新增M2的规模占全球52%。

从以上数据我们便可以看出，国家资本的过度扩张，必然带来人民生活的困难。经济结构性问题将越来越大，一直到经济出现整体性衰退，才有可能改变。

第二节

民间资本的兴起与消亡

争取权益，首先我们要学会宏观地看待我们中国的这一历史进程。中国在历史上，就不存在资本主义阶段，我们从封建、半封建的时代，迈入了一个新的时代，这个时代的一个焦点是民间资本。正确认识这个时代，才能找到我们生存的方向，也将直接影响到我们的未来。

资本纵横谈

在全球所有经济学家的研究中，对资本主义的研究都缺少一项成果，那就是——民间资本。在20世纪初期，宋巴特的著作《现代资本主义》把资本主义定义为资本家的整体。社会上当时把资本主义定义为社会主义的反面。自此，关于资本主义的争论，就一直没有停止过。学术上逐步形成了三大派别。第一个大派别是注重生产关系的转变，注重对生产关系的研究，其成果最大的是马克思。马克思认为，生产者出卖劳动力，此后对商品无法过问，这是对生产关系的极大扭曲。第二个大派别是着重资本主义的精神，将存积资本当作一项高尚的职业，并且赋予宗教性质。犹太人成为许多经济学家研究的对象。我们今天把温州人称为“中国的犹太人”，实在是有违对犹太人的深刻认识。因为犹太人在当时不仅是资本主义的发源者，而且对资本有深刻的宗教认识和宗教意识，成就了资本主义的精神。温州人缺少的是犹太人的这种精神内涵，所以，温州人与当时的犹太人无法相比，因为温州人缺少的是资本的真正精髓，那就是资本精神。第三大派别，重视对自然经济过渡到金融经济的研究，也就是现代金融学充分肯定的对跨期资源的研究，有组织地应对远期市场，因此也影响于零售业和生产者。

其后，所有的诺贝尔经济学奖的获得者，都围绕着资本主义这个三大派别，进行学术研究，为全人类的经济发展作出了卓越的贡献，奉献了宝贵的思想才华和人类的智慧。但是，他们恰恰没有深入看待中国从半封建主义时代直接就进入的这个时代。民间资本对这个时代影响非常广泛，不仅仅是经济上的，甚至影响政治、文化和整个社会层面，影响了我们的未来。

民间资本的衍生发生在1990年以后，最大的标志是推动了人民币升值。在国内，我们看见的是招商引资，对外开放。这个时候，民间资本大肆用美元购买人民币资产，包括囤积土地，四处圈地，特别是在沿海地区。当时，朱镕基发现问题后，果断刺破房地产泡沫，使得大量囤地的资金陷入绝境，致使海南发展银行宣布破产，让很多外来资本（很多是民间资本）血本无归，给了民间资本当头一击，维护了中国最广大民众的利益。自此以后，结合反腐，清理了很多民间资本的代理机构，一时间民间资本偃旗息鼓。这只是国家资本和民间资本的一次较量，因为朱镕基的果断，作出了最好的处理。

人民币升值后，又一次激发了民间资本向国内扩张。真正成气候并实力大增是在2005年以后，大量美元进入中国，并迅速在6.8元人民币兑换1美元的价位时购置大量人民币资产，包括土地、金融资产、能源资产、廉价劳动力和其他资源型资产。在人民币单边升值的状态下，持有人民币资产的资本立马几倍几十倍地猛增，他们掌握了一切国际贸易的游戏规则，大肆做出口贸易，掠夺了大量的民财，最后发展到了可以左右国家货币政策和金融政策的地步，形成了一股强大的力量。

这时，人民币升值到顶，实行利率自由浮动，这等于宣告中国通胀结束，滞胀来临。正是在这个人民币升值的末梢，民间资本从央行第一次加息开始，不断抛空人民币资产，主要是不动产，大肆购买美元资产，也就是说，民间资本在6.3元人民币兑换1美元的汇率时抛空人民币资产，然后，又用这笔人民币购买美元资产。如果人民币贬值到6.8元，再把美国商品出口到中国。所以，人民币开始进入贬值通道，民间资本又可以几倍十几倍暴利地坐收渔利。

其结果是：人民币资产价格包括不动产资产价格大幅下降，这当然是好事，老百姓越来越多人可以买得起房子，企业生产成本大幅降低；因为中国民间资本大量购买美元资产，带来了美国经济的迅速复苏和繁荣，这就是美国经济不断走好的客观原因。

在人民币升值的同时，造成人民币货币滥发的幕后推手，正是中国这股强大的民间资本。现在，他们已经抛空了人民币资产，所以，我一直认为这是房价要大降的主要原因。房价下降，是为民众所欢迎的事。

一个网友打了一个形象的比喻：房市如股市，牵牛的走了，只剩下牛桩了。股市上大家赔了多少钱，政府也不会给你的，在房市你把房子赔光了，也没有人可怜你，这是规律，所以，做事不能太贪。这是来自民间的智慧，说明老百姓已经看得很明白了。但是，楼市投机者至死也不会明白，甚至还在做房价再一次暴涨的美梦。只要央行货币不放开，城市家庭还剩几毛钱？投到楼市里连水花都不溅。以后的房价就是慢慢回归到和城市居民收入相均衡的状态，玩玩可以，千万不要以为有钱赚。

要说明这个道理，只要了解民间资本的形成、兴衰和未来的扩张轨迹就可以一目了然。

第三节

民族资本正在衰落

中国最宝贵的财富是民族资本

民族资本是每一个中华民族的子孙都应该十分珍惜的。

关于民族资本的产生，史学家和经济学家存在很大的争议。史学家一向认为，中国资本主义的萌芽始于鸦片战争之后。而经济学家认为，早在明朝万历年间就已经产生资本主义的萌芽，因为以作坊为标志的手工业开始产生。而我则比较同意史学家们的看法。资本主义的萌芽，不仅仅只是产生手工作坊就可以认定的，而必须有对经济的基本主张，形成经济的基本架构和完备的经济元素，才能认定产生了资本主义的萌芽，而不仅仅只是以手工作坊为标志。从这个意义上说，鸦片战争之后是中国民族资本主义萌芽开始产生的时代，并且迅速崛起。

中国民族资本主义经济走过了一条艰难曲折的发展道路：产生于两次鸦片战争后的19世纪六七十年代；初步发展于甲午战争后；进一步发展于20世纪初；短暂繁荣于第一次世界大战期间列强无暇东顾的间隙；日益萎缩于国民政府统治时期。在中国近代经济结构多元化的格局中，民族资本主义经济代表着中国经济近代化的进步方向，但由于封建自然经济、外国资本主义经济和官僚资本主义经济的压迫和排挤，它始终没有成为近代中国社会经济的主导形式。

纵观中国经济史，中国的民族资本体现了中国民众的智慧，创造性地发挥了中华民族的文化：每当民族出现大灾大难时，民营企业家总是慷慨解囊，不为名不为利，赈济灾民，广布善行；“穷则独善其身，达则兼济天下”是民营企业家人格的典型写照。在中国民族资本的发源地上海、广州等地，至今还有民营企业家留下的文化瑰宝。

每次去浙江南浔，我都会去逛逛藏书楼。说起南浔可能有些读者不是太熟悉，但是，电视连续剧《天下粮仓》还是为很多人所瞩目。这部电视连续剧的外景地，就是南浔镇。

嘉业堂藏书楼，是许多游客去拜访的地方。坐落在南浔镇上的嘉业堂藏书楼是中国近代最大的、藏书最多的、刻书最精的藏书楼。“钦若嘉业”是清朝皇帝溥仪所赐。藏书楼的主人是刘承干，当年曾被鲁迅称为“傻公子”。这位傻公子的祖父叫刘镛。

刘镛，是当时的南浔“四象”之一，也是最早靠丝绸起家的享誉上海的资本家之一。正是这个人设立了中国近代最具影响力的“海外留学基金”，资助了无数穷困学生去海外留学。在海外留学学子的名单上，我意外地发现了一个人——钱其琛。这位曾经的共和国外交部部长，当年赴海外留学就是嘉业堂藏书楼“海外留学基金”赞助的。除了钱其琛，还有很多前国民党的高级将领和高官，都出自这个基金的相助。

之所以一直想研究中国民族资本的起源和发展，是因为我觉得：只有民族资本的强大，才是一国国力的真实体现，不仅仅只是经济实力的强大，也是文化的强大。

民族资本的衍生和发展

很多读者对民族资本存在误解。他们认为，民族资本是相对外国资本而言的。其实不然，民族资本不是针对外资而言，也不仅仅只是民间资本，但是，一定包括中国的民间资本。在当代中国，民族资本不仅仅只是民间资本，也存在于很多上市公司、大中型企业之中。那么，对我们来说，民族资本是代表中国最广大民众利益的资本，是中国就业的主导力量，他们以中国第三产业为主体，逐步扩大到第一、第二产业，是中国消费拉动的主要力量。国家应该对民族资本实施灵活的金融政策和产业政策。当年，达能收购乐百氏，为什么在全国引发轩然大波，其原因就是，最广大的民众认为，外资不应该侵吞中国的民族资本。

民族资本曾经诞生了许多伟大的企业家。这一轮（20世纪80年代开始）民族资本的发源地应该是珠三角，当年的深圳和广州功不可没。这一个小小的珠三角，最高峰时解决了5000多万外来工的就业，功勋卓著。

这个时期，是中国民族最为繁荣的时期。

民族品牌的没落

日本首相中曾根康弘曾经说过："我的左脸是索尼，我的右脸是松下。"在他看来，索尼和松下这两个品牌让他在国际交往中感到非常自信。韩国也有像三星、LG、现代这样的国际顶级品牌。我们中国的企业家，在中国已经成为世界经济增长引擎和制造业中心、正在获得非常好的发展机遇的形势下，是不是也应该为国家多挣些脸面呢？

小时候，中华是一管白白的牙膏。我在这头，笑容在那头。上学了，中华是一支细细的铅笔。我在这头，考卷在那头。工作了，中华是一条红红的香烟。我在这头，领导在那头。结婚了，中华是贷款买的轿车。我在这头，而奋斗的路，还在那头。将来啊，中华是道细细的国境线。父辈在里头，孩子们在外头。

这条段子在网上流传甚广，说明中国绝大多数人非常怀念自己的民族品牌，但面对现实又十分无奈。因为现在，我们的民族品牌一个个在消失，我们曾经的热爱，我们曾经的向往，一个个在破灭。走到上海的街上，整条淮海中路，我们看见的是劳力士、苹果、LV等，完全看不见我们的中华、凤凰、永久、大白兔和上海牌。就拿饮料行业来说，20世纪80年代的“八大名牌”饮料，除健力宝外，其他品牌均与可口可乐和百事可乐进行了合资。与此同时，北京的北冰洋、上海的正广和等品牌在“联姻”之后，都在市场上逐渐被“边缘化”。而曾经红极一时的乐百氏在2000年被达能收购后，在市场上也基本上看不到了。

在日化行业中，2003年被外资收购的小护士在市场上也几乎销声匿迹。资料显示，在上海牙膏厂和联合利华合资前，美加净牌牙膏年销量曾达6000万元，出口量更是全国第一。但合资后，美加净由于宣传力度下降，一度曾面临无人问津的局面。后来，尽管中国本土企业以5亿元的价格收回了美加净这个品牌，但其市场竞争力及经济价值已不如从前。

进入2010年，一些小家电都被外资兼并。

奔腾电器和苏泊尔，这两大国产电器的品牌，一个确认被飞利浦收购，一个不断被赛博电器增持。爱仕达以2208万元全资收购东莞步步高。小护士、羽西外嫁豪门；连续7年护肤品全国销量第一、高达15.76%市场份额的大宝又被“招安”，中国护肤品牌彻底西洋化……中华牙膏、南孚、乐凯、徐工、哈啤、汇源、娃哈哈，这些响当当的民族品牌，都已经不再是自己命运的主人。

而被收购的民族品牌有：中华牙膏、娃哈哈、苏泊尔、南孚电池、活力28、乐百氏、小护士、大宝、徐工、乐凯、山工、华润涂料、双汇、西北轴承、佳木斯联合收割机、熊猫、金龙鱼、雪津啤酒、舒蕾、白加黑、正大福瑞达，等等。

民营资本面临的重重困难

我认识很多民营企业家，他们仗义疏财，每次民间有难，他们一定冲在最前面。汶川地震捐献最多的也是民族资本企业。很多民营企业家不仅无偿地帮助家乡和亲邻修路建桥，也在全国广布善事。当然，他们当中99%都从不宣扬。

但是，这几年他们的处境是极其艰难的。

做得很大的，他们将会进行上市扩张，那么，他们将面临的是被国外资本的疯狂掠夺。不管通过什么机构进行上市，都会被扒掉一层皮，轻者让出部分股权，重者甚至是国外资本提出做大股东，并参与公司的运营。不上市吧，扩张起来必然很慢，又会错失大好机会。

一次，我去看望一位朋友，一家银行的两位行长在他的办公室，正在和他谈贷款，说是有一个亿贷不出去，一定要他接下来，而他现金流很充裕，根本就不需要贷款。而娃哈哈董事长宗庆后在微博上说，他现在有100亿元现金，不知道投向什么产业。

做得小的，也有的做得很好。但是，国家货币政策、金融政策多变，一下大量放水，一下又拼命紧缩。一放水，逼得大家拼命投资，不惜举债，投向不动产和其他领域；一收缩，债务就无法偿还，这些都是民营企业家的宿命。

尤其是这两年，在房地产泡沫中最后裸泳的，还是这批人。

生活成本、生产成本的全面上涨，导致经济关系和生产关系极度扭曲，必然会反映到民营企业家身上。

未来民族资本如何发展

2012年从1至5月的数据中可以看出，全社会用电量累计19 618亿千瓦/时，同比增长5.8%。分类看：第一产业用电量359亿千瓦/时，下降3.5%；第二产业14 426亿千瓦/时，增长3.8%；第三产业2223亿千瓦/时，增长12.4%；城乡居民生活2610亿千瓦/时，增长14.2%。从社会用电量中可以看出，正常情况下第二产业用电量增长应该在10%以上，才是经济增长的正常幅度，而现在只有3.8%的增长，那就表明社会失业率在大增。只有第三产业没有萧条，而第三产业的主体恰恰是民族资本的主要产业。

国家在金融政策上应该大力扶植民族资本，才能保证第三产业的正常繁荣，中国经济增长才有希望。关于民族资本未来的发展，中国的主流经济学家一片沉默。中国民间的财经人士尽管不断呼吁，但是，因为这些声音无法步入主流，经常被边缘化。

未来民族资本的发展，取决于中国经济体制的改革。如果任由国外资本迅猛地发展，民族资本就将消亡，不仅仅是他们财富的缩水，还会是整个内需的无法扩张。

延伸阅读

自《中国通胀，世界通缩》出版后，各界人士予以高度关注。香港财经专栏作家卢麟元先生为此专门写了一篇书评，现全文转载如下：

第三类经济分析

评牛刀新书《中国通胀，世界通缩》

卢麒元

经济分析大约分为三类：第一类，是学院派经济学家的分析（包括主流和非主流）；第二类，是机构经济学家的分析（包括政府机构和国内外金融机构）；第三类，是各种媒体财经专家的分析。这三类经济分析，各有侧重，亦各有千秋。

在中国，由于教育和学术的过度商业化，学院派经济学家（包括主流和非主流）基本上消失了。我们通常听到的用著名经济学家概述的教授、学者和专家，多数同时受聘于政府和机构，他们实际上属于第二类经济学家。他们与普通的分析师没有本质的区别，他们自然而然地成为利益集团的代言人。这就出现一个严重的问题，我国缺乏独立的经济学家。没有独立的经济学家，谁来进行道德追问？在这种无奈的现实当中，第三类经济学家出现了，这就是活跃于财经媒体的记者、编辑和作家。他们除了要与第二类经济学家进行一般性的学术争论之外，最主要的意义在于为民众启蒙和进行道德追问。可以说，他们是民众利益的一道防线。

牛刀先生等一大批媒体经济学家就在这样的大背景之下应运而生了。他们在对中国的经济政策和经济制度进行分析、辩论和批评，同时也对经济发展作出预测、判断和推论。当然，更主要的是，他们会对经济制度和经济政策进行道德追问。他们未必具有第一类经济学家严谨而系统的训练，他们肯定没有第二类经济学家的强大的背景支持，他们仅仅是依靠身处一线的敏锐洞察力，对经济现象进行汇总并进行判断。老实说，他们确实不是最理想的经济学家。但是，好在中国还有他们。

牛刀先生的新书《中国通胀，世界通缩》是谈货币问题的。通读之后，颇有启发和感触。牛刀先生是敏锐的，他注意到了货币价格扭曲与商品价格扭曲之间的连带关系。并且，他试图预测这种扭曲关系发生改变的临界点，也就是中国经济发生逆转的时间点。老实说，牛刀先生够胆大的，这可是吃力不讨好的工作。

牛刀先生是做了大量功课的。《中国通胀，世界通缩》一书中，有大量数据收集、分类和对比分析。牛刀先生也试图建立某种数据模型，来描述通货膨胀和通货紧缩的进程。其中，牛刀先生一如既往，对全球经济形势进行了大胆预测。从事投资的人，可以权作参考。有空，大家可以翻一翻牛刀先生的新书，本文就不细述细节了。

我比较在意的是牛刀先生对美国通缩的分析。这涉及了对美国宏观经济管理逻辑的认识。当然，这也是分析美国未来经济政策走向的依据。我想说，牛刀先生接近窥破美国通缩的奥秘了。一般而言，研究凯恩斯的《通论》，大体可以了解货币与通胀的关系。简单地说，绝对不是多印钱就会通胀，甚至印钱不是通胀的必要条件，通胀发生是需要一些必要条件的。超常规的货币必须有一个进入实体经济的通道，凯恩斯理论是描述财政通道的，弗里德曼理论是描述金融通道的。当下美国的管理者非常睿智，他们始终关闭着这两个通道。美国的量化宽松和成本宽松均不能进入实体经济，所以美国必然通缩。当然，在现象上，中国确实容纳了相当一部分的美国流动性，并转化为了中国的通胀。在这个问题上，牛刀先生看得很清楚。

请大家注意两个事实：第一，美国始终在严厉控制财政支出；第二，美国始终在有效地遏制投资增长。其实，这两条与货币政策并无直接关系，都是纯粹的财政政策。第一条，受制于严厉的《预算法》，美国政府无权肆意使用凯恩斯主义。第二条，受制于严格的《税法》，弗里德曼的市场理论，始终是美国一切经济管理的逻辑基础。美国的企业除非科技进步，不可能出现中国式的企业暴利，更不会出现抽风似的投资热潮。所以，美国的剩余通货只能向海外转移，在中国政府提供廉价资产的时候尤其如此，因而美国本土无法形成通货膨胀。那么，这种状况会持续多久呢？这取决于中国的宏观经济政策的改变。或者说，这取决于中美战略对话的结果。牛刀先生在新书中说出了一些东西，还有一些东西未能全部说出来（删节了数万字）。当然，我也无法在本文中说出来。留给聪明的读者吧。

第三类经济分析理应引起最高决策者的高度重视。从某种意义上讲，这是最高决策者冲出利益集团思想包围圈的机会。当然，第三类经济分析，对于普通投资者也有一定的现实意义，毕竟可以通过另一种视角看世界了。所以，我希望大家不妨读一读第三类经济学家们写的东西。

未来的中国经济必须转型，否则，我们会有像明朝后期一样的结局。那时，大明王朝的经济实力与大英帝国旗鼓相当，完全可以称霸全球。但是，因为统治者只考虑自己的利益，任由腐败横行，重用奸佞小人，陷害忠良，不仅放弃了跻身全球大国行列的机会，反而失去了江山。这种惨痛的历史教训值得我们深思。

因此，中国国家资本必须奋起反抗国外资本，捍卫国家利益和民族利益，而不能任其泛滥。现行政策不能适应经济基础的发展，改革势在必行。如何改革，取决于执政党的智慧和人民的觉醒。从经济上来说：首先，我们目前要做的是保持货币币值的稳定，坚决杜绝滥发货币的行为，任何情况下都不允许；货币的数据模型必须重铸，使之适应于将来经济的发展；其次，大力发展民族工业，鼓励科技创新，重建自己的品牌；再次，设法扩大内需，激活市场，而不是以高通胀、高房价来抑制内需；最后，积极完善社会保障机制，生老病死，马虎不得，推脱责任将为历史所不容。

犯错并不可怕，可怕的是死不纠错。所以，我们要反思自己的错误，力图改正，历史也将重写。如果一直错下去，那对中华民族的未来振兴没有好处。我们这一代人，也将成为历史的罪人。这次全球经济探底、欧洲债务危机、美国复苏缓慢、东南亚平稳增长，对我们来讲都是极好的机遇，问题是我们的内部不要混乱，头脑一定要冷静，民生一定要改善，圈地运动要尽早结束。

一问一答

问：对中国资本的划分源于什么考虑？

答：这是一件很头疼的事。我找遍了资本主义的起源，也没有找到类似于中国这种现象。我想，未来的史学家比我更头疼。因为这个阶段中国没有人考虑未来，也没有未来，所以，只考虑当下。主要社会生态就是，一有钱就移民。不仅如此，如果我们了解资本主义的起源，不管资本家在原始积累时如何的罪恶，至少有两点是必须完成和坚持实施的，一是完善的法制，二是自由化市场体系。

先说法制，财产问题没有一人敢公开，很简单，只要财产公开，每个人都有财产来历不明。这是一本烂账，影响许许多多人。再说住房，你住的房子说值钱是值钱，现在价格比全球其他国家还高；说不值钱就分文不值，因为土地没有私有化，等于土地权不是不在，而是根本没有，钢筋水泥根本就不值钱。所以，谁也搞不清楚中国究竟以后会如何。因此，不少人想到移民。

正因为如此，关于中国现阶段的定义谁也不能下。当然，这个定义不由我来下，我也没有资格下这个定义，所以，我只是把几种资本现象作了一个罗列。前面讲的三种资本现象是客观存在的，国家资本、民间资本和民族资本在这个时代并存。真奇怪，这三种资本共处在一个经济体中，却又如此协调，这在全球经济史上十分罕见。不过，现在矛盾开始爆发了：上层建筑与经济基础的矛盾几乎已经不可调和，很多人把这个时代称为“拼爹”的时代，就是这种无奈的心态。在这种情况下，我只能把资本分成三种形式，作出分析。

问：你为什么说民间资本只有三年的好光景？

答：从历史的眼光看，可能有些制度会建立，我不能揣摩哪些制度会建立。但是，人类历史的发展说明，当一条路走到头后，在完全走不下去时，还是会选择新的路径，这是我的信念，也是我至今不肯移民的主要原因。所以，我说民间资本顶多只有三年的好光景。

问：民间资本这三年怎么赚钱？

答：他们现在已经卖空了人民币资产，正在疯狂购进美元资产，几个迹象我已经看出来了：一是美元不断走强，所谓热钱出逃，有一大部分是民间资本卖空在中国的不动产，四处在美国购买不动产，美国房地产见底回升，温哥华房价出现泡沫，澳洲海边豪宅被中国民间资本买空，等等，都是中国民间资本所为；二是全球粮食价格5、6月份大涨50%，很多人理解为美国干的，这是表面的，实际上是中国民间资本干的，他们在6.3元人民币兑换1美元时囤积美国的粮食，当人民币贬值到6.8元时，他们仅仅赚取人民币汇率的钱就是暴利。这只是我讲的一个实例，很多我都看出来了，都是民间资本干的。明年中国很可能扩大进口，而这明显对民间资本有利。不信，等着瞧。

04

中国货币：货币的数量与历史

货币的数量和质量用什么来衡量，是一件很艰难的事。历史上还没有一个经济学家能够对货币的数量和质量进行充分的论证。因此，各大经济体的央行也很难根据经济状态做出恰如其分的货币数据模型，来对应所在的经济体的货币数量和质量。

中国央行行长周小川在2012年博鳌论坛上有一段讲话，充分说明了这种状态难以把握的程度。下面是周小川当时的一段讲话，照录在此：

就今天的主题软着陆而言，对于新兴经济体，包括中国，软着陆也就意味着在2010年和2011年我们能够使过热的经济下来，使通货膨胀率下来。通货膨胀率从部分上来讲，是由于之前的经济刺激政策以便克服此前的国际金融危机，那么由于出现了大量的流动性，使得很多资本流入新兴经济体。但实际上，我们也常说，通货膨胀的水平，从某种程度上来讲确实对很多新兴经济体都比他们的通货膨胀目标要高一点。我想对中国和其他的一些经济体而言，政策目标是逐步使通货膨胀率降下来，即实现软着陆。

但是从技术上来讲，确实存在很多困难，有些时候我们不知道所采取的政策措施是过强了，还是过弱了，对软着陆好不好。在这方面，可能我们不知道应该采取哪样的政策，有人说会实现更硬一些的着陆，有些人说可能没法实现软着陆了。但是，这一点和政策工具也有关，要使用哪一个政策工具呢？对中国而言，当然我们是使用了一系列的量化政策和价格政策，自从2010年的最后一个季度开始，我们就开始提高利率，而到现在已经增加了5次利率，每一次大概都是0.25%。但同时我们也使用了一些量化措施，至于哪一个政策，我们对于货币机制的传导有关，我们要考虑这个问题。最重要的是我们要考虑全球的形势，如果从全球来讲，流动性太多的话，如果全球经济过于流动性，那么我们就要非常小心，如果你使用太多的利率工具，可能会导致资本向国内流动。但是确实在使用几个不同的货币政策工具之间，要进行利弊的比较和平衡。我想强调中国在这一轮软着陆中使用的工具是把量化措施和价格措施结合起来了。

那么，中国如何正确地把握货币的数量和质量呢？本章将全面剖析货币的数量与质量，先让大家知道货币的真相，再看看全球货币的分化与裂变，以期找到更好的办法。

全球货币分布有个很奇妙的现象，从数量上来说，美国单独成为一体，欧元区加使用英镑和卢布等国成为一体，中国加亚太地区、拉美和非洲等各国成为一体，成三足鼎立三分天下之势。货币不是军事，无法从地理和区域上寻找战略的有利地形，但是，因为物流和文化的缘故，一定与地理有关。货币学不是哲学，也不仅仅只是政治经济学的一部分，而是一种边缘学科。货币不一定仅仅只是代表本国政府的信誉，但是，一定与这个政府的全球信誉和国民征信密不可分。如果我们纯粹从货币理论的角度去解释货币问题，目前，争议多多，无法趋同。所以，我们暂时抛开一切争论，来看看数量和质量的关系，这有助于我们把握国际金融的战略和趋势。

第一节

货币数量与人口数量及GDP的关系

在货币学方面，全球有影响的经济学家是弗雷德曼和萨缪尔森。在他们的货币学著作中，他们对货币的研究功高盖世，影响了全球经济的发展，但是，没有一个人讨论货币与人口的关系。我们在这里不作理论上的探讨，专门来分析一下这种现象和市场，可能有助于我们多多了解货币的本质。

2010年末，中国的总人口为13.7亿人，当时的货币总量为72.58万亿元，折合美元11.5万亿。同期，美国的人口为3.087 5亿，货币总量为8.85万亿美元。

如果按照人均持有货币总量来算，中国人均持有货币0.84万美元，而美国人均持有货币2.9万美元。这样一算，那中国货币不是多了而是少了。显然，以人均来计算货币总量，有不合理的成分。但是，不是完全没有关系。那么，问题的症结在何处呢？两个原因：一个是美元是全球硬通货，是全球储备货币，世界各国都在使用，而中国货币除在本国流通外，只有东南亚几个国家在流通，这就造成了数量上的不平衡；一个是美元的历史有200多年，而人民币的历史只有60多年。我们不能简单地追求货币的增长，也不能完全参照美元的模式，那么，我们是不是有必要反思我们的货币增长模式呢？回答是肯定的。

人民币M2模型的搭建备受诟病是有原因的。我们先来看看人民币M2的数据模型：M2=GDP+CPI+3%（3%是应对外汇占款多发的货币），假定GDP增长速度为8%，CPI增幅在3%，那么，M2应该不超过14%。事实上，我们在GDP增长8%时，我们的M2就一直超过17%，也就是说经常性超发货币3%，十年就等于30%，再加上2009年M2为29.7%，当年超发货币15.7%，2010年超发货币5%，那么，这十年货币对内实际贬值50.7%。也就是说，这十年货币的购买力下降了一半。而恰恰就在这十年，我们对美元升值了36%，里打外敲，人民币实际购买力下降了86.7%。这种贬值幅度古今各国都极为罕见，属于一种非常规性行为。

解决这个问题的办法，是重铸数据模型，以后的货币增长只能采取一种形式，那就是M2=GDP－CPI，这才是正确的模式。从现在起，来重铸货币模型，就排除了人口数量问题。

这里有一个问题必须提出：人民币将来想不想成为储备货币？如果不想成为储备货币，我们就将蜷缩一隅，无法在全球称雄。而如果我们要成为全球储备货币，那么，我们现在就必须实行金融改革，向前跨出一步。

在回答这个问题之前，我们先来看看货币总量与GDP的关系。

任何一种货币都与GDP相关。美国法律规定，美联储M2增长不能超过5%，如果超过这个目标，必须经过国会两党举手通过。这是一件根本就不可能的事，再大的经济危机也不行。而中国采取的是国务院申报每一年的M2增长幅度，每年“两会”人大代表表决通过。在全球发达国家，没有一个国家是靠货币扩张来拉动经济增长的，其原因很清楚，货币扩张是一件循环扩张没有尽头的事。一旦扩张停止，全社会的资金链必然轰然断裂。再度印钞，通胀更加加剧，泡沫必然破灭。这是一条死胡同，根本就走不通。在通胀的顶峰，人民币的升值必然走向末梢，中国金融风险敞口巨大，极易受到国际资本的攻击。我们为了还击国际资本的攻击，必然将实行利率自由浮动，国际资本加速外逃。双方夹击，开发商和负债比例过高的中小企业必将纷纷倒闭，这已经是既成事实。

日本、美国和中国的货币轨迹

日本在2010年的货币供应量创出历史最高纪录，M2达到775.4万亿日元，当年GDP为4 792 231亿日元（按照2000年不变价格计算为5 397 425亿日元，这点很重要），M2/GDP数值为1.618∶1。因为货币扩张，2012年开始，日元对美元大幅贬值。

日本考核货币化程度更喜欢使用GDP/M2，战后日本直到1985年的M2都低于同年的GDP，1986年恰好1∶1，从此货币供应量逐渐超越GDP，但是日本的M2增速一直都基本与GDP增幅保持同步。他们花了25年的时间才勉强突破1.6倍，与我国的飞速增长相比简直太菜了，而日本是西方经济集团中唯一货币化程度超标的国家。

再来看看美元的货币轨迹。

看美国的M2/GDP，会觉得，强大的美国的货币管理水平太逊了，美国政府显然不懂得猛发货币就是发展经济的硬道理。

“二战”以后，美国市场的M2/GDP长期一直在0.6∶1～0.7∶1的区间波动，1987年实现阶段性的高点0.70∶1。20世纪90年代初，美国经济出现衰退，实施紧缩流动性政策，M2/GDP不断下滑，1994年跌落到0.61∶1，1997年跌到1960年以来的最低点。亚洲金融风暴之后，国际美元大规模回流美国本土，使美国的M2/GDP于2000年左右开始回升，2004年又掉头走低。2008年老美实施量化宽松的货币政策，折腾到2010年底M2/GDP也就0.6∶1。

从广义货币的概念而言，中国的M2虽然与美国及日本的M2涵义还有所差异，但是对比之下我们会发现，发达国家无论货币发行规模还是增发速度都比我们要慎重很多。

我们来观察一下同期的中国国家财政收入情况：

年份	国家财政收入（亿元）	年增长率	财政占GDP比例
2000	13 395.2	17.05%	14.97%
2001	16 386.0	22.33%	16.84%
2002	18 903.6	15.36%	18.19%
2003	21 715.3	14.87%	18.60%
2004	26 355.9	21.37%	16.48%
2005	31 649.3	20.08%	17.36%
2006	39 373.2	24.40%	18.80%
2007	51 304.0	30.30%	20.80%
2008	61 330.3	19.54%	20.40%
2009	68 477.0	11.65%	20.42%
2010	83 080.0	21.32%	20.88%

2011年1—5月，我国国家财政收入累计46 820.06亿元，比去

年同期增长32%。

M2/GDP的变化轨迹为：

2000年1.33：1

2001年1.39：1

2002年1.52：1，首次突破1.5倍数台阶

2003年1.61：1，首次突破1.6倍数台阶

2004年1.56：1

2005年1.61：1

2006年1.63：1

2007年1.57：1

2008年1.58：1

2009年1.78：1，突破1.7倍数台阶

2010年1.82：1，突破1.8倍数台阶

以央行统计并发布的数据为准，中国近十余年的M2规模如下：

1999年——————11.76万亿元

2000年——————13.24万亿元

2001年——————15.28万亿元

2002年——————18.32万亿元

2003年——————21.92万亿元

2004年——————25.01万亿元

2005年——————————29.6万亿元

2006年——————————34.55万亿元

2007年——————————40.34万亿元

2008年——————————47.51万亿元

2009年——————————60.62万亿元

2010年末————————72.58万亿元

对比全球主要货币，中国货币未来的走势一目了然，根本就不可能升值，而是存在巨大的贬值空间。我们的GDP与货币的增长，根本就没有和全球同步。这种断层关系一旦破裂，其后果就是全球贸易的资金链瞬间断裂。人民币时刻处在危难之中。

GDP与货币的关系

从2011年的GDP排名中，我们可以很清晰地看出，全球主要地区的GDP分布情况和增长情况。

1.United States 美国 150 944（亿美元） −2.4%

2.China（PRC）中国 72 981（471 564亿元人民币） 9.9%

3.Japan 日本 49 790（340 670亿日元） −5.6%

4.Germany 德国 32 986（23 649.3亿欧元） −5.0%

5.France 法国 26 429.5（18 948.59亿欧元） −2.7%

6.United Kingdom 英国 21 512.9（13 736.61亿英镑）

−4.8%

7.Italy 意大利 16 960.768（12 160亿欧元） −5.0%

8.Brazil 巴西 15 568.7（31 030亿雷亚尔） 0.7%

9.Spain 西班牙 14 661.27（10 511.51亿欧元） −3.0%

10.Canada 加拿大 13 699.36（15 624.12亿加元） −2.5%

11.Russia 俄罗斯 12 043.58（382 587.1亿卢布） −7.9%

12.India 印度 11 672.47（564 373.27亿卢比） 7.2%

13.Australia 澳大利亚 9 163.78（11 664.58亿澳元） −1.4%

14.Mexico 墨西哥 8 557.5（115 503.47亿比索） −3.7%

15.South Korea 韩国 8200 （1050万亿韩元） 0.2%

货币总量与财政收支的关系

先来看看美国：

二次估算结果显示：2011年，美国名义国内生产总值为150 944亿美元，同比增长3.9%。2011年，美国年中总人口为31 204.0万人，以此计算，人均名义GDP为48 373美元。

再来看看中国：

全年国内生产总值471 564亿元，比上年增长9.2%。人均GDP是35 000元，按当前汇率计算是5540美元，只有美国的

11%。

差距就在这里。

中国的GDP只有美元的40%，人均GDP只有美国的1/9。

但是，中国货币总量却高于美国2.65万亿美元。这里面的差距又将意味着什么？2010年，美国联邦政府的收入总额预计为21 750亿美元，其中个人收入所得税收入为9460亿美元，占总收入的43.4%。社会安全税和社会保险税收入8780亿美元，占收入的40.3%。公司收入税为1470亿美元，占收入的6.7%。其他税收入2040亿美元，占收入的9.3%。在美国国会预算办公室日前公布的联邦政府预算评估报告中，2010年联邦政府的法定支出为19 460亿美元，可调整支出为13 710亿美元，偿还利息2070亿美元，总支出约为3.5万多亿美元，政府的财政赤字将为1349亿美元，约占GDP的9.2%。

2010年，美国联邦、州和地方三级政府财政不到7万亿美元的支出中，各种支出如下：

教育投资10 340亿美元，占总支出的16%；

支付退休养老金为9320亿美元，占总支出的15%；

医疗保健11 070亿美元，占总支出的17%；

国防开支8730亿美元，占总支出的14%；

社会福利6130亿美元，占总支出的10%；

国内执法支出3506亿美元，占总支出的18%；

交通运输支出2696亿美元，占总支出的4%；

政府机构支出1280亿美元，占总支出的2%。

利息支出2577亿美元，占总支出的4%。其他支出6882亿美元，占总支出的10.7%。

再来看看中国财政的收入和支出

先看看财政收入是如何大增的：

2001年，全国财政收入增长22.2%，GDP增长8.3%；

2002年，全国财政收入增长15.5%，GDP增长8.0%；

2003年，全国财政收入增长20.0%，GDP增长9.1%；

2004年，全国财政收入增长21.6%，GDP增长9.5%；

2005年，全国财政收入增长19.9%，GDP增长9.9%；

2006年，全国财政收入增长24.4%，GDP增长10.7%；

2007年，全国财政收入增长32.4%，GDP增长11.4%；

2008年，全国财政收入增长19.0%，GDP增长9.0%；

2009年，全国财政收入增长11.7%，GDP增长8.7%；

2010年，全国财政收入增长21.3%，GDP增长10.3%；

2011年上半年，全国财政收入增长31.2%，GDP增长9.6%。

2001—2011年，财政收入从1.6386万亿元增长至10.8750万亿元（预计），约增加5.6倍。

2001－2011年，GDP总额从10.9028万亿元增长至43.6189万亿元（预计），约增加3.0倍。

2011年财政支出数据我们还没有拿到，那么，先来看看2010年的吧。

2010年，全国财政收入达到83 080亿元，全国财政支出89 874.16亿元支出如下：

教育支出12 550.02亿元；

医疗卫生支出4 804.18亿元；

社会保障和就业支出9 130.62亿元；

住房保障支出2 376.88亿元；

农林水事务支出8 129.58亿元；

文化体育支出1 542.70亿元；

交通运输支出5 488.47亿元；

城乡社区事务支出5 987.38亿元；

公共安全支出5 517.7亿元；

科学技术支出3 250.18亿元；

环境保护支出2 441.98亿元；

一般公共服务支出9 337.16亿元；

国防支出5 333.37亿元；

外交支出269.22亿元；

资源勘探、电力、信息等事务支出3 485.03亿元；

地震灾后恢复重建支出1 132.54亿元；

粮油物资储备管理事务支出1 171.96亿元；

金融监管等事务支出637.04亿元；

商业服务业等事务支出1 413.14亿元；

国土气象等事务支出1 330.39亿元；

国债付息支出为1 844.24亿元；

其他支出为2 700.39亿元。

从这里，我们可以看出，财政用于民生的比例较少，尤其是医疗的支出远远低于正常水平。

第二节

人民币的发展阶段性瓶颈

在《穷人通胀，富人通缩》一书第六章，我曾经提示过，2012年6月5日，美国各大财团将要开始阻击人民币。很多读者问，这个时间节点是怎么来的？现在我来告诉大家，当初，写《穷人通胀，富人通缩》这本书时，我是从当年的阿根廷和后来的日本房价泡沫的时间节点来分析这场旷日持久的国际金融之间关于通胀与通缩纷争的爆发点的。实际上，国际资本对人民币的阻击提前到了2011年12月5日。

2011年12月5日，美联储宣布，从即日起与全球五大央行实行一年利率掉期互换。随后，人民币连续12个交易日连续触及跌停。当月，中国的M2从正常的7000亿元人民币猛增到2.1万亿元，冲抵外汇占款，以维护全球贸易的流动性。也就是说，这12

个交易日的连续跌停，表明有2200亿美元外逃。

这是国际资本第一次阻击人民币，可谓气势磅礴，蔚为壮观。从这一刻起，我就明白中国货币不再可能过度超发了。道理很简单，人民币汇率将被迫逐步进入自由浮动的轨道上。果然，随后央行宣布，将人民币汇率由波幅0.1%扩大到0.5%，人民币双向波动的幅度一增加，人民币贬值的趋势就开始形成。紧接着，2012年4月上旬，央行宣布将人民币波幅扩大到1%。中国央行前货币政策委员会委员夏斌在一次论坛说："2016年前，人民币将实行自由兑换。"那么，我们来仔细分析一下，人民币在2016年时究竟如何，从中我们将窥见全球财富的流向。其实，在市场的表象上，我们可以窥测通胀与通缩的变化。在欧美国家通缩时，中国和其他新经济体国家走向通胀。而在欧美国家开始通胀时，中国和其他新经济体国家将走向通缩。我们发现，整个国际金融关系导致的市场，将是一场通胀与通缩的游戏，非常好玩，非常刺激，也非常惊险。

美元要赚其他经济体的钱，就是以通胀的方式对新经济体国家进行陷害。美元在这一轮的经济运行中，开始是降息，一直降到0至0.25。也就是说，一直是采取降息的方式刺激经济，一直到降无可降的地步，都无法实行美元利益的最大化，就搞出一个新鲜名堂，叫做量化宽松。开始推出来时被称作QE1——量化宽松的第一期，刺激全球大宗商品上涨，因为新经济体国家迷信通胀比通缩更好。为了迎合新经济体国家首脑的这个想法，同时利用美元对全球大宗商品价格的定价权优势，美元展开了一轮攻势，并大获全胜。

尝到了甜头，在QE1到期后，美元继续展开量化宽松，被市场称作QE2，继续玩量化宽松。这种量化宽松尽管只是小批量的印钞，但必然刺激美国本土商品价格的上涨。美国和别的国家不一样，一旦本土发生通胀，必然会影响美国人的生活质量。因此，伯南克对CPI的容忍度是2%。也就是说，美国的CPI不能超过2%。如果超过2%，美联储将会实行紧缩政策。如果美元实行紧缩政策，那么，新经济体国家就将面临通胀，因为美元将走强，导致非美货币大幅贬值。这样的话，全球美元将会难求，美元汇率必然走高。这个前提条件，除了CPI外还有一个市场现象，那就是美元回流。美元释放出来再回收回去这个过程，就是美元利用通胀掠夺全球财富的过程。

谈起国际金融，我一直认为，所谓国际金融，就是一场通胀和通缩游戏。大家互相算计，你赚我的钱，我再想办法算计你。

人民币的历史沿革

像我们研究美元一样，我们尽管天天使用人民币，其实我们并没有好好研究人民币的币值和趋势，只是在大通胀中感受恐惧和不安。人民币和各国货币一样，从它诞生的第一天起，就存在着通过汇率的调整来维护国内经济形势、金融市场稳定的内在要求和目标。随着人民币的历史进程不断推进，人民币的走势越来越受到国际资本市场的关注，也自然会受到国际资本的攻击，因为国际资本的本质就是以金融手段来掠夺全球财富的。因此，我们必须时时刻刻关注人民币汇率的变化。

这种变化不仅决定着人民币的历史进程，同时也决定着中国经济的走向，每一次变动都意味着中国经济的大转折，一不留意，我们将错失很多机会。目前，我们看见的人民币就像一个正在学走路的孩童，经常磕磕碰碰却总是自己爬起来。从长远目标看，人民币虽然走得并不是一帆风顺的，却是越来越有弹性。

具体来看，人民币是1948年12月1日中国人民银行成立时发行的。1949年1月18日，中国人民银行在天津首次公布人民币汇率。这段时间，解放军赶走了蒋匪，成立了政权。而这次汇率的公布，不仅仅是人民币开始起步，也是一个新的经济体的诞生。

从那以后到现在，人民币汇率经过了多次变动，具体来说可以划分为以下几个阶段：

一、改革开放前的人民币汇率（1950–1978年）

1.第一阶段（1950–1952年）

这个时期，中国正从战乱中走出来，又将迎接一场新的战争，因为如果不帮助朝鲜，就没有中国的稳定。所以，那时候，中国没有什么出口贸易。但是，由于人民币没有和黄金挂钩，也没有什么对应的价值，所以，人民币与西方国家货币之间的汇率并不是按照两国货币之间的黄金平价来折算的，而是用物价对比法为基础进行计算的。也就是说，它的依据是物价水平，而物价水平是由一个不规则的市场制定出来，或者说是由政府定出来的，因此，货币也没有规则。

新中国建立之初，国民党临走前，大量发行金圆券。那个时候没有电子货币，所有人持有货币必须是纸币，而纸币的流通一旦失控，必然导致通胀。老蒋留下来的是一堆烂摊子，到处物价飞涨，仅仅从1949年1月18日到1950年3月13日的13个月中，上海市场批发价格指数就上涨了21.43倍。同期，人民币兑美元的汇率一共调整了49次，从1：80（旧币）贬值到1：42000（旧币），据此可以套算出人民币兑其他货币的汇率。这是一种很奇怪的现象，说不清楚当时货币是更自由还是更混乱。

1950年3月到1952年末，物价从上涨转向下跌，以及因为抗美援朝遭遇美国及其盟国一系列的物资封锁禁运，这时候政府需要通过人民币升值来推动本国进口，所以把汇率调高至1：26170（旧币）。

2.第二阶段（1953—1972年）

这个时期，是中国计划经济的模式开始产生的时期。当时，国家提出“发展经济保障供给”，意思是，发展经济的目的是为了保障供给商品，而不是创造财富。这种供给制实现了国内物价的稳定，对外贸易也从私人手里转为国营企业统一经营，并且主要产品全都纳入国家计划，一切价格都由国家说了算，所以人民币币值非常稳定，汇率自然也非常稳定。计划经济的最大好处是国家按照需求制订生产计划，不会产生通货膨胀。而最大的坏处是，约束甚至压制了生产力，扭曲了生产关系。一旦天灾人祸破坏了供需平衡，就不可收拾，缺少了市场化自动调节供求关系的功能，导致人为的灾难到处发生。

资料显示：中国在1955年3月1日开始发行新人民币，这是新中国成立后第一次进行的币制改革，1万元旧人民币兑换1元新人民币，从此直到1971年12月18日，人民币兑美元的汇率一直是1：2.4618。1971年12月18日，美元兑换黄金的官方价格全部贬值7.89%，人民币汇率则相应调整为1：2.2673。那时的汇率和老百姓没有关系，因为老百姓不会用到外汇购买任何商品，只供外交人员和政府的商务人员进行兑换之用，所以，当时的中国普通百姓根本就不知道美元为何物。

3.第三阶段（1973—1978年）

在全球，我们发现，每一个特定的历史时期，通胀与通缩总是同时存在于全球这个平面上，它们的量能在时常转化。在金本位的时代，全球没有通胀。但是，布雷顿森林体系(Bretton

Woods system)建立后，美国开始爆发以通胀和通缩为市场表象的经济危机，之后这个体系被迫瓦解。可以想象，无论是通胀还是通缩，都将导致很严重的后果。

布雷顿森林体系是指战后以美元为中心的国际货币体系。关贸总协定作为1944年布雷顿森林会议的补充，连同布雷顿森林会议通过的各项协定，统称为布雷顿森林体系，即以外汇自由化、资本自由化和贸易自由化为主要内容的多边经济制度，构成资本主义集团的核心内容，这是美国制定的原则，实现美国经济霸权的体制。布雷顿森林体系的建立，促进了战后资本主义世界经济的恢复和发展，这一点是毫无疑问的。但是，我们发现，自1973年布雷顿森林体系瓦解后，在同一时空内，在全球一体化的作用下，通胀和通缩一直是并存的。

在这个时期，由于布雷顿森林体系彻底解体、石油危机导致全球物价上涨，西方国家普遍实行浮动汇率制，所以中国也开始频繁调整人民币汇率，并且也参考西方国家货币汇率钉住一篮子货币的办法，以避免西方国家的通货膨胀对我国的经济造成冲击。

其调整依据主要是，以在我国对外贸易中比重较大的货币品种进行加权平均。1980年，人民币兑美元的汇率从1973年的1∶2.46逐步升值到1∶1.50。反过来可以说，美元兑人民币贬值了39.2%。而人民币兑另一种主要货币——英镑的汇率则从1973

年的1：5.91逐步升值到1：3.44。换句话说，英镑兑人民币贬值了41.6%。仅仅1978年，人民币兑美元的汇率就调整了61次。总的趋势是人民币不断升值。

二、改革开放后的人民币汇率（1979–2005年）

改革开放后，针对国营外贸管理体制从独家经营改为多家经营、国内外市场价格相差悬殊，并且出口亏损的现状，国务院决定从1981年起实行两种汇率制度，或称汇率双轨制。通过官方人民币汇率牌价用于非贸易外汇结算、贸易外汇内部结算价两种。这种汇率体制一旦形成，必然产生大量的外汇储备。而在国内贸易属于内部结算，政府将出口企业创造的外汇统一管理，而将同等价值的人民币发给出口企业，恰恰是这些货币属于多发出来的。进口加税、出口退税这样的体制，就是这个时候搞出来的。

从好的方面来说，是汇率兼顾人民币汇率在贸易和非贸易两方面的作用。从不好的方面来说，就是国际热钱开始流入中国进行投机炒作。在此期间，人民币官方汇率从1981年7月的1：1.50逐步贬值到1984年7月的1：2.30，贬值了53.3%。与此同时，人民币贸易外汇内部结算价格则根据当时的出口换汇成本，采用1：2.80的固定汇率。

尤其是到1985年时，伴随着人民币双重汇率制度的实行，外贸企业出现严重的亏损，导致财政补贴负担加重，所以我国从1985年1月1日起取消了贸易外汇内部结算价，重新回到单一汇率制上来，人民币汇率统一为1：2.80。不过，此时在官方人民币汇率以外依然是有“黑市”汇率的。这一时期，政府以财政补贴的方式，将外汇占款换算成人民币发给出口企业。而这些企业发生亏损，财政就不堪重负。即便如此，还是导致通胀一而再、再而三地爆发。为此，为了在国内通货膨胀加剧的背景下让人民币汇率保持相对稳定，1986年1月1日起人民币放弃钉住一篮子货币的做法改为浮动，之后不断贬值，1990年11月17日的人民币汇率是1：5.2221。这样一来，通胀被遏制，通缩就来了。

进入1994年后，人民币汇率开始并轨，建立了以市场供求为基础的、单一的、有管理的浮动汇率制度，人民币兑美元的汇率一直保持在1：8.30左右。2001年11月17日，我国承诺扩大人民币汇率弹性。

三、人民币汇率现状与问题（2005年至今）

在央行网站我们查到，2005年7月21日，中国人民银行发布关于完善人民币汇率形成机制改革的相关事宜公告，主要内容包括：

1.从2005年7月21日起，我国开始实行以市场供求为基础、参考一篮子货币进行调节、有管理的浮动汇率制度，不再钉住单一美元。

2.中国人民银行于每个工作日闭市后，公布当天银行间外汇市场美元等交易货币兑人民币汇率的收盘价，作为下一个工作日该货币兑人民币交易的中间价格。

3.2005年7月21日19时，美元兑人民币交易价格即刻升值2%，调整为1∶8.11，并把它作为次日银行间外汇市场上外汇指定银行之间交易的中间价，外汇指定银行可以据此调整对客户的挂牌汇价。

4.每日银行间外汇市场美元兑人民币的交易价格仍然在人民银行公布的美元交易中间价上下0.3%的幅度内浮动，非美元货币兑人民币的交易价格在人民银行公布的对货币交易中间价上下3%的幅度内浮动。

5.中国人民银行将适时调整人民币汇率的浮动区间，以市场供求为基础、参照一篮子货币汇率变动来维护宏观经济和金融市场稳定。

这个公告出台后，人民币就进入升值的通道。7年时间，人民币兑美元从1∶8.11元对美元升值到1∶6.3元。中国社会财富实行了乾坤大挪移。而这和当年日元从360日元升值到80日元的幅度正好相似。一切都将发生。

人民币未来趋势

纵观改革开放以来近十几年的人民币发展来看，我国人民币面临巨大的升值压力。这种压力是必不可免的，随着中国经济的发展和对外开放的不断扩大，这种压力将变得越来越明显。

这种升值的压力从以下几点就可以看得出来：

第一，从利率水平来看，由于当期我国汇率低于美国汇率，即人民币远期将升值。

第二，通货膨胀。近几年来，我国的通货膨胀率不断上升，但这种上升带来的是外汇市场上本国货币的等比例贬值。而中国的通货膨胀率还远低于美国（不符合实际），这也导致人民币面临升值的压力。

第三，国际收支和外汇储备。我国自1994年起，经常项目、金融与资本项目存在长期的双顺差（仅1998年例外），这导致在外汇市场上，外汇的供给远大于外汇的需求。央行为了维持人民币汇率的稳定而买入外汇，引起了我国外汇储备的急剧增加。国际收支中，我国出口远大于进口，国外资金的流入致使人民币在国际市场上的需求增加，人民币面临升值的压力。

第四，基于购买力平价理论（PPP）的价格水平因素。购买力平价理论认为，任何两种货币之间的汇率会调整到能反映这两个国家之间价格水平的变动，汇率由相对价格水平的变动所决定。因此，相对价格水平的变动会对汇率产生影响。从长期来看，一国价格水平的相对上升，将导致该国货币贬值。而一国相对价格水平的下降，将导致该国货币升值（从这一点来看，人民币应该贬值）。

第五，人民币升值对中国银行业的影响。人民币的快速升值，对金融市场中的银行业造成了很大的冲击。首先，人民币加快升值以后，对进出口行业会有影响。银行的一些客户，特别是做出口业务的客户，其收益将会产生影响，对客户的影响也将间接地影响到银行。其次，对银行的自身财务状况也有影响。银行有外币窗口，人民币升值以后，持有的境外资产特别是美元资产，其价值在下降，将产生一定的汇率损益。最后，是对银行资产负债方面的影响。在人民币相对升值的时期，从存款方面看，持有外币的人不会存款，外币储蓄和外币存款的压力比较大。从贷款方面看，贷款者都愿意接受外汇贷款，银行外汇存款下降和外汇贷款上升的矛盾就比较突出。这样一来，外汇的资金来源就会受影响。资金需求就会变大，银行外汇资金的流动性管理压力增大，这也导致了同业拆借市场上外汇拆借利率急剧上升，从这一点来说会对银行的经营带来一定的压力。

一切都将表明，人民币正在逐步实行汇率自由浮动，随后，人民币将被迫实行自由兑换。未来的趋势已经明朗。

第三节

人民币与强大的对手美元相争

通胀与通缩，是货币市场的表象，仔细深究，反映的却是货币的本质。无论我们置身何处，都必须使用货币，所以，我们一定要认识货币的本质，这样才能把握我们的投资方向。我们在全球化的趋势中分析货币的流向，或许对我们不无裨益。我们如何来看待全球的通胀与通缩呢？经济问题是讲究数据的，经济数据都存在一定的量，量能是我们要研究的经济动能之一。

在全球，我们发现，每一个特定的历史时期，通胀与通缩总是同时存在于全球这个平面上，它们的量能在时常转化。在金本位的时代，全球没有通胀。但是，布雷顿森林体系建立后，美国开始爆发以通胀和通缩为市场表象的经济危机，之后这个体系被迫瓦解。可以想象，无论是通胀还是通缩，都将导致严重后果。

美元不断向全球输出通胀，以此来陷害其他经济体。

正如我在前面所说，金融大战正在全面展开中。中国和美国在一起做生意，一个主要是依靠政府，一个主要是依靠市场。中国的牛头不对美国的马嘴，大家一起稀里糊涂搞了许多年，现在回过头来一看，不知究竟是谁赚了谁的钱。因此，大家都互相提防。

美国先出了一步棋，给了中国央行一个下马威。

这第一步棋就是前面讲过的Swap。美国先发制人，美联储联合了全球五大央行。从客观上来说，在市场上的必然反应，就是我（美元）根本就不将你（人民币）当一回事。这个当然是表面的，实质问题是，Swap只是一种金融工具，这种金融工具导致的结果目前已有迹象，那就是全球五大央行的货币在这一年的时间分阶段对人民币实行巨幅贬值，所聚集的能量正在产生。这个能量相当于美元兑人民币加息50个基点以上，所产生的效能是导致人民币在2013年2月份开始迅速贬值10%以上，按现在的汇率6.35来算，相当于人民币将贬值到7元钱。

人民币目前有两难：一是在“国际化”的进程中，我们不得不实行汇率自由浮动，尽管只是波幅加大到1%，但是，贬值10%也只需要10个交易日，这是我们必须面对的；二是货币超发是我们的软肋所在，因为我们的货币超发所引起的对全球非美货币的贬值，已经聚集了大量的能量，足以致人民币贬值到8.2元。

何去何从，我相信金融监管层已经有自己的考虑。

第二步棋，在未来三年内，我国将被迫加大进口，逐步消耗外汇储备。房价泡沫未破，悬在中国经济头上的堰塞湖未破，外资根本就不敢进场。城乡大量居民会将储蓄存款转为外汇存款，外汇储备就成为全球资本和本国居民储蓄的对手盘，瞬间就会消耗完毕。美元乘势追击，逼迫人民币币值回到正常状态。那时，人民币就会实行自由兑换。

一问一答

问：中国人均GDP如此之低是不是人口太多？

答：人均GDP反映的是全员劳动力的生产水平，也是国内消费力的体现，人均GDP只有美国的九分之一，人均收入只有美国的十一分之一，我们就能看出很多问题。

在这人世间，最宝贵的就是人。如果不把人当人，人和人就会产生裂痕。还有一种说法是：减少人口可以减少就业压力。这在中国经济还有大量就业不足的农村劳动力时，可能还是正确的。但是在2010年后，中国经济明显过了刘易斯拐点，出现了民工荒和民工工资猛涨的现象，这种“人口少可以促进就业”的论调就不攻自破了。从经济学上来讲，人口多，不仅能增加劳动力的供给，同时也能增加需求和消费，所以就业和人口规模没有直接关系。实际上，世界上很多人口稀少的国家，如俄罗斯、西班牙就有很高的失业率。失业率高的因素很多，现在经济学公认的最主要原因是僵化的工资体系，和人口规模没有任何关系。

200多年前，英国经济学家马尔萨斯提出了著名的马氏人口理论。其主要论点可以表示如下：技术进步→经济发展→收入提高→生育率提高→人口增长→人均土地下降→人均收入下降。按照马氏人口理论，技术进步，可以带来短暂的人均收入提高。但是，收入提高的人们很快会生产出更多的人口，人均土地会减少，农业生产率就会降低，从而抵消了原来的人均收入的增长。所以，技术进步的长期效果只是增加人口，并不会带来人均收入的提高。马氏理论在200多年前工业革命刚起步时提出是很自然的，因为它较好地解释了之前几千年来，人类社会经济发展和人口增长的关系。在工业革命之前，人类社会的经济以农业为主，生产技术进步缓慢，少量渐进式的改进确实会很快被人口增长的作用所抵消。所以，在人类工业革命之前的农业社会，人口缓慢增加，但是人均收入却几乎没有变化。

中国的人均GDP相对非常低的主要原因，是我们的消费占GDP的比重太低，经济增长是泡沫型的，不是真正的生产和消费带来的，而是大肆举债集中投资带来的结果。只有我们的消费占GDP的比重达到60%以上，我们的人均收入才能提高。所谓调结构，就是要这么调才符合经济的健康运行，才会有利于经济的复苏和繁荣。

05

转型维艰：大危机急需大改革

读弗里德曼的《世界是平的》时，全球化的雄伟景观顿时浮现在眼前，中国人对于全球化的认知，仿佛是一位在山道上攀登已经十分疲惫的旅人，突然看见一条平坦的大道，十分惊奇、十分欣喜。然而，世界真的是一条平坦的大道吗？非也。

当今世界，从全球经济的发展看，全球化十分诱人，前景广阔，未来的视野一望无际。但是，从国际金融的角度来看，国际市场暗流涌动，有时会掀起惊涛骇浪，足以让一个国家的经济处在风雨飘摇之中，面对电闪雷鸣和惊天海啸。

全球化的四大要素：一是货物贸易的自由流动；二是服务贸易的自由流动；三是资本的自由流动；四是劳动力的自由流动。在这四大要素齐备的状态下进入全球化，那世界真的是平的。如果这四大要素不齐备或者漏洞很大，那么，面临的可能就不是那么一帆风顺。

我们对全球化的定义是：全球化是一种概念，也是一种人类社会发展的现象过程。

全球化目前有诸多定义，通常意义上的全球化是指全球联系不断增强，人类生活在全球规模的基础上发展及全球意识的崛起，国与国之间在政治、经济贸易上互相依存。全球化亦可以解释为世界的压缩和视全球为一个整体。20世纪90年代后，随着全球化势力对人类社会影响层面的扩张，它已逐渐引起各国政治、教育、社会及文化等学科领域的重视，纷纷引起研究热潮。对于全球化的观感是好是坏，目前仍是见仁见智。

全球化是一种规则，这种规则在很多经济体运行中可能会被大家接受。但是，如果让所有经济体都来接受一样的规则，对有些经济体，尤其是新经济体来说，存在着许多不公平。要接受这种规则，这些新经济体都将忍受阵痛。中国正在忍受着这种阵痛，那就是人民币将结束单边升值的历史，将开始实行自由浮动了。中国经济的一切将面临大的转折，资产价值将开始重估。

这件事是中国经济史上最伟大的变革，直接影响未来中国经济的转型，直接改变我们的生活方式。

比方说，我们的93号汽油，在人民币汇率没有自由浮动之前，在中国要8元钱，而在美国同样是中石油出口的93号汽油只要4.7元。而人民币汇率自由浮动后，这种缘于人民币汇率问题产生的价格出现的断层关系，将会逐渐抹平，我们同样可以享受4.7元人民币的汽油。再比方说，我们现在买宝马3系，需要38万元人民币，而同等车型在美国只要3万美元（折合人民币18.9万元），人民币汇率自由浮动后，我们在中国也只需要18.9万元。

出口退税、进口加税差距将逐渐缩小，所以这将改变我们的生活。

当然，这只是两个商品的不同价格落差归于平衡。而在国际贸易上，我们一贯只做出口的企业也将改变，可能他们自己也将加大开展进口业务的力度，打开进口的市场。所以，人民币汇率的自由浮动，是我们迈向全球化关键的一步。那么，我们来看看这一步如何迈出去。

第一节
我们离全球化究竟有多远

我们看见的往往只是市场表象，而表象后面的本质却被人们所忽视。经济学家的使命就是：透过表象发掘市场的本质，向世界公开市场的真相。而国际金融的真相，往往掩藏着巨大的秘密，甚至涉及国际战略。

因为我们正处在一个历史的转折点，许多问题已经暴露出来了。所以，作为百姓应该熟知一些国际金融常识，以了解我们的未来，了解中国究竟如何在全球的经济席位中争得一席之地。

我们大可不必去争论全球化的概念是如何形成的，我们只需要来看看全球化究竟是什么？我们应该怎么做，究竟需要做什么？能够把这些问题回答好，我们的一切方向就明确了。

首先，我们来看看全球化究竟是什么？

国人对全球化存有多重质疑，最大的质疑就是美国的阴谋论。把所有的一切都当作阴谋，把正常的金融行为当作陷阱，把全球经济的规则当作桎梏，这是自己给自己戴上的枷锁。从历史来看，全球化根本就不是新概念。早在西汉年间，张骞就开创了丝绸之路，打通了中国通向世界的道路，沟通了东西方文化，实现了中国与世界的共融。自从张骞第一次出使西域各国，向汉武帝报告关于西域的详细形势后，汉朝对控制西域的目的由最早的制御匈奴，变成了“广地万里，重九译，致殊俗，威德遍于四海”的强烈愿望。为了促进西域与长安的交流，汉武帝招募了大量身份低微的商人，利用政府配给的货物，到西域各国经商。这些具有冒险精神的商人中大部分成为富商巨贾，从而吸引了更多人从事丝绸之路上的贸易活动，极大地推动了中原与西域之间的物质文化交流，同时汉朝在收取关税方面取得了巨大利润。出于对匈奴不断骚扰与丝路上强盗横行的状况考虑，为了加强对西域的控制，汉宣帝神爵二年（公元前60年），设立了汉朝对西域的直接管辖机构——西域都护府。以汉朝在西域设立官员为标志，丝绸之路这条东西方交流之路开始进入繁荣的时代。所以，我们不妨用中国的智慧打开自己的思想，共同来探讨全球化的问题。

我认为，全球化有四大元素：

第一，货物贸易的自由流动。

很显然，各国政府为了保护本国的资源和产业，都采取了以税收方式调节货物贸易的行为。这种贸易保护应该建立一种原则，那就是WTO协议。我们加入了关贸总协定，那么，我们就必须遵守全球经贸的共同原则，当一国贸易和另一国贸易产生利益上的纷争时，最后，由有关贸总协定来进行裁决。

写这本书的时候，恰逢国务院发布进口减税令。

2012年3月28日，国务院召开常务会议，研究加强进口，促进对外贸易平衡发展的政策措施。会议指出，我国对外贸易需要在保持出口稳定增长的同时，更加重视进口，适当扩大进口规模。我国要坚持进口与出口协调发展的原则，优化进口结构，稳定和引导大宗商品进口，积极扩大先进技术设备、关键零部件和能源原材料进口，适度扩大消费品进口。

会议确定了加强进口的政策措施，包括以暂定税率的方式，降低部分能源原材料进口关税，降低部分与人民群众生活密切相关的生活用品的进口关税等。

会议确定加强进口政策措施：

1.调整部分商品进口关税。

以暂定税率的方式，降低部分能源原材料进口关税，降低部分与人民群众生活密切相关的生活用品的进口关税，降低初级能源原材料及战略性新兴产业所需国内不能生产或性能不能满足需要的关键零部件进口关税。继续落实对最不发达国家部分商品进口零关税待遇，加快降税进程，进一步扩大零关税商品范围。结合自由贸易区降税安排，引导企业扩大从自由贸易区成员方的进口。

2.提供多元化融资便利。

鼓励商业银行开展进口信贷业务，支持先进技术设备、关键零部件和能源原材料的进口。鼓励政策性银行对高新技术产品和资源类商品进口提供政策性金融支持。拓宽进口企业融资渠道。鼓励商业保险公司推出有利于扩大进口的保险产品和服务。加强和改善跨境贸易人民币结算工作。

3.提高贸易便利化水平。

口岸及海关特殊监管区域所在地的海关和出入境检验检疫机构实行工作日24小时预约通关和报检。清理进口环节不合理收费，规范收费行为。继续推进“大通关”建设，加快电子口岸建设。

4.完善管理措施。

清理进口环节的不合理限制与措施，降低进口环节交易成本。支持企业通过海关特殊监管区域和保税监管场所扩大相关商品进口。加强产业损害预警机制建设，完善进口商品质量安全风险预警与快速反应监管体系。

这份减税令，与这本书的写作意图高度契合，这说明中国政府已经意识到我们的关税与本国的消费有冲突之处，正在努力改进。所以，对货物贸易的自由流通人为设置的障碍应该到了拆除的时候，我们与世界各国的贸易争端将趋于平息。对此，我就不在此进行过多的赘述。不过，我们一定要反思进口加税和出口退税的政策，梳理不再适应经济基础发展的不合理的税费，让中国的大部分商品价格和全球各国的断层进行磨合，逐步拉平，才能推动中国经济的发展。

第二，服务贸易的自由流动。

一是计算机软件外包业务，也是一种高端服务业。5年前，我们的计算机软件外包业务曾经称雄，但是这块市场完全被印度抢去，韩国和日本所占的份额现在比中国份额也高出许多。现在印度仅仅这项业务已经突破5000亿美元。而中国曾经达到1000亿美元，现在只剩下不到600亿美元。

英文没有普及也是一大障碍。因为计算机软件外包业务涉及英文最多，而我们的普通白领能够精通专业英文的人太少，因此也限制了软件外包业务的发展。

二是高端服务业投入太少，企业产品的科技研发能力、品牌创新能力在全球缺乏足够的战略地位。

相反，这两年，民间的艺术家、设计大师和经济学家新作辈出，广受欢迎，设计人才、创意人才也在民间。但是，因为通胀和高房价，民间的许多高手都为生活成本所迫，被迫去从事一些过度商业性的服务，创新能力有所下降。

这个方面，我们和世界的距离一望便知。

第三，资本的自由流动。

我们的金融是垄断的，外汇是管制的，别说自由流动，就连正常的海外投资行为都受到制约。国家金融战略必须站在一个制高点上，管住金融业的大政方针，放手让资金自由流动。

第一步是实行汇率自由浮动。这一步，2012年4月16日就已经实现了。人民币不仅结束了单边升值的历史，而且，利率正在随市场浮动。理论上是，美元指数上涨，人民币贬值；反之，美元指数下跌，人民币就会升值。由于目前是处在人民币升值的末梢，所以，未来人民币兑美元开始实现价值回归，趋势上决定，人民币兑美元有相当长的一段时间，处在贬值通道。

第二步是实行人民币自由兑换。所谓自由兑换，实际上是自由结汇。现在，无论是企业还是私人，可以在全球任何一个国家自由结汇，不必经过外管当局批准，也不必办理任何手续，仅凭人民币就可以进行投资、购物和其他消费。目前，我们和日元可以直接结汇，因此，到日本更加方便了。以后，到任何国家都可以。

这两步走完后，我们才可以说，我们实行了资金的自由流动。

第四，人力资源的自由流动。

关于人力资源，中国应该建立一门学科专门研究，因为中国人力资源非常丰富。分析起来，一是，我们处在市场经济初期，整个经济呈现的是掠夺性的，尤其是在廉价的劳动力使用上。二是，中国的劳动力和印度相比不一定更加廉价，而且，因为语言的问题，绝大多数劳动力只能龟缩在本国，甚至只能为本国人服务，影响了生产力的进一步伸展。

以上四大问题，是我们和全球化的距离，还有很远很远，有的可能一步就跨过去了，有的要付出艰巨的努力，才能迈出这一步。这一步很遥远，可能需要20年，也有可能是某一个历史的瞬间。

第二节

对中国经济的冷思考

经济神话层出不穷

古往今来，我们不知道看见过多少笑话。大凡当时的神话，现今也成为笑话。神这个东西，本身就是可怕的。神话，成为笑话，也就成为后人茶余饭后的谈资，如此而已。东西方文化中，关于神两种文化的理解迥然不同。这种文化的不同，观照的是两种完全不同的心态。

在西方，资本主义的发起人是犹太人。犹太人创立的资本主义精神成为全球经济学家一直在研究的现象，并形成了许多派别。史学家至今不明白的是，当年希特勒为何非得将犹太人置之死地？要回答这个问题，的确很难。因为犹太人的资本主义是一种信仰，而这种信仰源自对神的信仰，因为神是上帝。因此，犹太人的神是神圣的，是不可侵犯的。

中国的神有褒义，但更多的是贬义。褒义的是称赞，常说成：很神。中国人对周易的研究经久不衰说明一个问题：周易八卦很神。西方人的神在中国不存在。而贬义的神，常说的话是："你这人很神"说的是你这人得了神经病，神神叨叨的。

所以，中国没有人敢说自己很神也没人说自己神。当年股市的水皮、老沙、管金生等都把自己当股神，结果如何，大家知道。功名心是最害人的，明朝时，于谦老是说，"君为轻，民为重"，结果呢？被明朝皇帝杀了头。

曾有人问苏格拉底：天与地的距离是多少？"三尺！"苏格拉底回答。怎么会这么低？我们每个人不都身高五尺吗？苏格拉底笑了："凡是身高超过三尺的人，要想在天地间立足，就必须学会低头！"低头是一种智慧，一种美德，一种素质，一种涵养。水深波浪静，学广语声低；山高鸟飞集，德厚人自亲。

当今中国经济保持高速增长，神话一个接一个。

一个神话是，一个北京城的房地产公司，总值高达180万亿元，总值可以买下一个美国。真的价值无限啊！比当年的日本更牛。幢幢高楼之中，隐藏的是什么？美其名曰房产升值了，大家都可以享受改革开放带来的财富增长。实际上呢？明明是货币出现巨大的贬值。在货币出现大量贬值的同时，中国的财富去了哪里？一是美国，我们有3.2万亿美元外汇储备，相当于20多万亿的人民币，就这样送给美国人用了。二是央行，央行总资产在这三年中增加了五倍，因为人民币的大幅贬值，中国央行一举成为全球最大的央行。

现在深圳也在到处传，一个保姆当年花3万元在雅颂居买了一个房子，这3万元其实是首付的一部分，现在一下成了300多万元房产的主人。各种神话都在传说，而传诵这些神话的人，现在心里同样存在巨大的恐惧。他们突然发现，2009年8毛钱的大米，现在要4.8元，而赚钱却越来越难。一夜之间，深圳什么商品的价格都比香港贵。原来是香港人来深圳消费，而现在却是深圳人到香港去消费。一切都表明，乾坤倒转了，而产生这种乾坤倒转的主要原因就是货币出了大问题。

我国经济连续增长靠的是什么？神话。我们先来看看都是什么神话。

第一个神话：中国货币一年新增总量占全球的52%。三年间，货币贬值了200%，所有以人民币计价的商品价格都涨了两倍。这样的翻倍，原先掩盖的各种矛盾就将全面爆发。货币泡沫一旦衍生，破灭起来就不仅仅只是房价。

第二个神话：中国的GDP连续8年高增长。

第三个神话：外汇储备高达3.2万亿美元。中国的外汇储备是许多蓝领工人创造的，而这些蓝领工人在创造这些财富时拿的是全球最为廉价的薪水。最为奇怪的是，我们为了创造外汇储备专门制定了出口退税和进口加税的制度，实行的是单边升值的汇率模式，而这种模式一旦走到头，灾难就将降临。这种灾难，前有阿根廷、苏联和越南等国，20世纪90年代有日本，而我们却步其后尘。最后的结果是，我们将被迫扩大进口，不断消耗外汇储备，直到所有外汇储备消耗完毕。随后就是：人民币被打回原形。

很多经济危机是一夜来临的。就像日本的海啸，半小时前还是阳光灿烂，风平浪静，但是，很快山呼海啸迎面扑来，随后引发9级大地震。

中国经济将何去何从

一个肥胖病人是不容易倒下的。然而，一旦倒下，就很难爬起来。大而不倒，是全球经济学家对中国即将出现的经济危机的看法。理由是，我们一旦倒下，对全球经济是一场灾难，因为各个国家在中国都有利益。这种观点甚嚣尘上，很有市场。在国际上，国家与国家之间从来都是从利益出发，一旦货币超发，影响他国利益时，他国贸易必然受损，贸易大战就会打得不亦乐乎。

从2002年到2010年底，中国的广义货币供应量从2002年底的18.5万亿元涨到了2010年的72万亿元，涨了3倍，中国的高速工业化驱动着名义经济总量涨了2倍。货币供应和名义经济增长似乎不匹配，多出的货币哪里去了？土地和房产等像海绵一样吸收了溢出的货币量。 这期间，美国的货币量增加了多少呢？

美国的M2增长了53%，而美国的广义货币M2从9万亿美元涨到当下的13万亿美元，增长了45%。同期，美国的名义经济总量涨了36%，而自金融海啸以来美国国内资产缩水了40%以上，几乎退回到2000年的水平。不考虑CPI数据，仅凭直接经验，中国的通胀实际上已经失控：货币增幅将维持在16%以上，五年后将翻一番；多种要素价格长期被管制，潜在的涨价因素蠢蠢欲动；农村红利消失殆尽；输入性通胀压力空前。

这是众所周知的事实。

滥发货币的结果就是大通胀和大萧条。道理很简单，在一切的价格都高于全球各国的时候，货币滥发就无以为继。同时，在国际市场上，人民币对所有的货币只有一条路径，那就是——贬值。人民币所有的资产价格都将打回原形。

大，有大的好处，正如中国经济所说的，可以集中力量办大事；大，有大的坏处，一旦腐败就不可收拾，就只有一条路，那就是彻底腐败下去。大而不倒，只是一个虚幻的概念，到了要倒的时候，谁也扶不住。现在已经到了这个历史关头，继续执迷不悟，就会轰然倒下。何去何从，考验的是一个民族的智慧。

第三节
转型之难

2012年8月9日，当国家统计局公布CPI数据为1.8%时，有记者问我：你对此怎么看？我对他说，再多的货币投放，也只能刺激资产价格的上涨，而不能达到以刺激商品价格上涨刺激生产的目的，同时说明内需极其羸弱，普通百姓根本没有消费力，最后必然导致资产价格暴跌。

第一，我们面临的是还债。

最近，放下未写完的书稿，抽时间去安徽、湖南等省的一些地方转悠了一通。湖南长沙市精心策划包装了195个项目向全球金融机构发出投融资邀请，包括“四十”重大项目和155个一般项目，总投资达8292亿元。

对长沙这一轮的投资，我们姑且作一点分析。从银行贷款、地方财政、土地出让金等多个方面进行分析，长沙公布的重点项目大概不会面临明显的资金短缺。假设8292亿元的投资资金有15%是靠银行信贷来筹集，那么需要1200亿元新增信贷资金。而“十二五”期间长沙年均1500亿元中长期贷款是比较可能的，即五年大约有7500亿元新增信贷。这些项目所需信贷资金占总新增信贷的16%，并不算高。

2011年，长沙市全年的地方财政总收入只有668.11亿元，长沙的地方财政一般预算收入在2010年和2011年实现了高增长，增速都在30%左右。即使在经济环境较差的2008年和2009年，增速也有20%。2012年的前5个月，长沙的地方财政一般预算收入增速为17.4%，从月度数据趋势上看已经止跌企稳，接下来应该能有所反弹。预计未来几年，长沙地方财政一般预算收入增速应当能在20%～30%。

如果只是这样分析，长沙的这些项目可以得以铺开。但是，中国的危机不在这里，很多真相如果不去基层走走是发现不了的。在安徽的一个县城，一望无际的住宅让我感叹。接待我的县长告诉我，现在真的不能做了，一开门首先遇到的问题就是债务。最近三年来，该县与全国其他2200个县级建制行政区一样，不顾一切保增长。到目前为止，该县累计债务170亿元人民币，而该县财政名义上是去年突破10亿元，实际上只有6.5亿元，另外

3.8亿元是去外省一个县买的税收。买税，就是税收造假，充当增长指标。从这里可以看出，所谓财政收入增长32%完全是一个泡沫，而且，泡沫不比房价泡沫小。6.5亿元财政收入还170亿元贷款的利息都不够，2009年当年有50亿元贷款到期，现在一分钱也还不了。更可怕的是，前两年都是用新增贷款还利息，现在因为没有新增贷款，连利息也支付不了。

这个县长帮我算了一笔账，问我的博客里提到的地方政府债务12万亿元数据是从哪里来的，我回答是央行公布的。县长说，远远不止。道理是，以这个县的债务水平为中间值来算，2200个县总债务已经高达37.4万亿元。600多个三、四线城市基本中间值为1000亿元，这就是60万亿元。像昆明、南昌、合肥、武汉、长沙等这样的城市有70个，以昆明总负债2000亿元为中间值，也有14万亿元。

第二，2013年是中国的拍房年。

闲暇时，我跑了一趟杭州。杭州一位法官告诉我，今年是债务案件最多的一年。这让法院喜出望外，平常年份一般每年经法院判决后拍卖的住宅只有几百套，最多的时候是2008年次贷危机爆发时突破1000套，这大约创造了杭州法院拍卖住宅的最高峰。而2012年上半年经过法院判决的住宅有5600套，趋势正在增加，预计全年可达1.4万套至1.5万套。

这位法官说："哪里需要开征房产税，只要央行不再大量发行货币，杭州空置的住宅就可全部逼出来，十年不用造房子，法院拍卖出去的房子就可以满足杭州住宅的供给。从法院系统来看，这种异常的现象，其他城市应该和杭州一样，也不同程度地存在。所以，牛刀老师不用去呐喊住宅空置率的问题。"

我一听，喜出望外，用这种方法逼出空置住宅尽管很残酷，倒也是一件好事。因为法院拍卖住宅，只按照市场估价的60%，等于房价下降了40%至50%。有的朝向不好的或者楼层很差的实在拍不出去的，最后会按照市场估价的20%拍卖。市场估价理论上要比新盘价格低得多，因为会考虑折旧。中国660个城市，现在拥有空置住宅早已超过1.6亿套，可新增5亿人居住，在经济不好的时候根本不存在住房需求，预期每年需求不超过500万套则可以供应32年，多少人要住的房子也早已造好，不存在市场供应的问题。

可想而知，2013年后，中国法院将成为最好的产业，房子永远拍不完。全国三、四线城市大抵如此，有的可能更加恶劣。拍房子，将成为2013年"刚需"的口头禅。

第三，房地产业崩盘。

谢国忠描述房价泡沫破灭的前景时这样说，房价每年跌去7%，连跌20年，最终将跌去80%。我认为这是不可能的，我的观点是要么泡沫破灭，主动清理烂账、坏账，重新修复金融体系，这样房价开始大跌，断崖式的，炒房客彻底被套；要么暴涨，一年再涨20%，这样炒房客才有钱赚，因为楼市投机资金不可能听任财富损失，可能会殊死一战；要么大通胀来临，继续印钞。只有这三种方式。下面，我详细分析一下这三种方式。

第一种方式就是调结构扩内需。所谓调结构扩内需，就是让投资和出口在GDP比重中逐步归于正常，逐年放大内需的比重，力争用五年的时间，把内需扩大到60%至70%之间；把投资从57%降到20%左右；把出口降低到15%左右，这才是经济运行的良性反应。这不只是人力所为，而是经济规律的必然。所以，对房价泡沫的容忍度最多只有一年，也是我以前一直判断的，2013年底前房价泡沫破灭。

第二种方式就是稳投资保增长。所谓稳投资保增长就是继续以房地产拉动经济增长，那样，房价泡沫会被继续放大，数据依然好看。但是，这就增大了对整个经济体的危害，崩溃起来就会更加轰轰烈烈。后一步必然要加强制度性建设，取消房地产预售，开征房产税就会被提上议事日程。

第三种方式就是继续印钞，消化地方债务。这一步是冒险，因为大通胀一旦爆发，货币体系就将崩溃，尽管可以消除地方政府债务，但是，稀释了全民财富，导致制造业全部倒闭，失业人数会增加到1.8亿人口。

泡沫经济已经极大地危害了经济基础，崩溃即将来临。何去何从，考验的是中国人民的智慧。

第四，大萧条绞杀房产泡沫。

在写作《中国通胀，世界通缩》时，我就预料了“金砖四国”以后的命运一定与亚洲四小龙相似，以一场惊心动魄的金融风暴结束，这是注定的。1997年的亚洲四小龙和其他东南亚国家在金融风暴中拼死挣扎的惨状，我至今仍历历在目。

1997年7月2日，泰国宣布放弃固定汇率制，实行浮动汇率制，引发一场遍及东南亚的金融风暴。当天，泰铢兑换美元的汇率下降了17%，外汇及其他金融市场一片混乱。在泰铢波动的影响下，菲律宾比索、印度尼西亚盾、马来西亚林吉特相继成为国际炒家的攻击对象。

8月，马来西亚放弃保卫林吉特的努力。一向坚挺的新加坡元也受到冲击。10月下旬，国际炒家移师国际金融中心香港，矛头直指香港联系汇率制。中国台湾当局突然弃守新台币汇率，一天贬值3.46%，加大了对港币和香港股市的压力。10月23日，香港恒生指数大跌1 211.47点。10月28日，下跌1 621.80点，跌破9000点大关。面对国际金融炒家的猛烈进攻，香港特区政府重申不会改变现行汇率制度，恒生指数上扬，再上万点大关。

接着，11月中旬，东亚的韩国也爆发金融风暴，17日，韩元兑美元的汇率跌至创纪录的1 008：1。21日，韩国政府不得不向国际货币基金组织求援，暂时控制了危机。但到了12月13日，韩元对美元的汇率又降至1 737.60：1。韩元危机也冲击了在韩国有大量投资的日本金融业。1997年下半年，日本的一系列银行和证券公司相继破产。就这样，东南亚金融风暴演变为亚洲金融危机。

在随后的两年，亚洲金融风暴席卷印尼、日本。印尼虽是受"传染"最晚的国家，但受到的冲击最为严重。最惨的是泰国、韩国、马来西亚等国，金融系统几近摧毁，外汇储备耗尽。韩国为了偿付国际基金货币组织的贷款，不得不宣布国家破产，首尔35%的家庭债务暴露出来。当时，韩国民众纷纷将自己家里的外汇、黄金送给政府渡过难关。香港房价两年暴跌68%。

中国、印度、巴西和俄罗斯这四个金砖国家目前正处在这个同样的金融风暴的前夜，或者，某种迹象显示，或许已经在发生。巴西，今年的GDP增长从5.4%突然滑落到1.2%，印度从9.4%增长滑落到5.3%，中国两年时间从10%的增长速度滑落到7.6%（实际GDP可能不到5%，从社会用电量可以看出）。高速发展带来的投资泡沫毫无疑问已经破坏了这些国家的金融体系。

我相信国家抵御金融风暴的力量，最坏的结果是外汇储备被洗劫一空，人民币汇率大跌至22元的水平。所以，对国家没什么担忧的，我最担心的是这场金融风暴很快刺破房价泡沫，很多家庭债务暴露无遗。经济大萧条已经在降临，外来工返乡潮正在涌起。昨夜，深圳一位持有多套住宅的朋友和我在电话里辩论，我质问他一句话："经济大萧条来袭，你的房子卖给谁？"他回答："中国城市化空间很大，很多农民要进城。"我说："鬼话，如果进城农民能买得起你的房子，那说明你的房子已经一文不值了。"就是一文不值，也没有人买。很简单，大家都守着一点外汇准备过冬，谁去倒腾房子。很多房子跌去50%也不会有人出手，现在这个房价还能糊弄人。金融危机爆发，很多债务过重的人，抛售都出不了手。

仔细想想吧，经济大萧条，谁买你的房。外来工吗？

第五，烂账的处理。

截至2012年一季度末，十多家金融机构与两家地方国企向江西赛维太阳能公司提供的借款余额高达128.85亿元。其中，期限不高于一年的短期借款高达82.67亿元，这将对基本面临严重恶化的赛维形成严峻挑战。赛维债务的爆发，只是冰山一角。

赛维这种公司必然是：兴，靠政府，因为政府可以动用财力和信誉，为发展企业进行融资；败，也靠政府，因为大家都要到企业里面分利，必然会破产，留下一堆烂账，最后，由下一任领导处理。

全国600多个三、四线城市中，像赛维这样的公司大约有370

家（我在2011年调查的结果），在银行的烂账已经突破3万亿元（2011年末的数据）。这种烂账，在GDP下滑时就会自动现形。也就是说，其他370家类似公司，都将爆发债务危机，只是时间而已。

目前，我国金融系统总资产113万亿元，总负债106万亿元，实际净资产只有7.5万亿元。我们的烂账是多少呢？除企业烂账（不包括40个大中城市企业烂账）有3万亿元，地方政府债务12万亿元，连带债务4万亿元，总共高达19万亿元。

房地产烂账也将爆发出来。房地产烂账集中产生在三、四线城市，鄂尔多斯一城2000亿元，加上温州、威海、乳山、义乌、岳阳、长沙、南昌、厦门、海口、太原、运城、临汾、大同、石家庄、安阳、郑州等的烂账不少于7万亿元（不包括已经正在断供和将来要断供的房贷约1.1万亿元）。

全部算起来，金融系统全部烂账至少已经高达26万亿元。最近，李克强副总理反复强调“调结构扩内需”，说明这种投资大跃进已经终结，无法进行下去了，接下来只有一条路，就是清算债务。

第六，所有关于房价上涨的预期都已经破产。

开发商这么多年来一直在炒作所谓的预期价格，现在这些预期已经全部破产。预期价格是什么意思，大家很清楚，他卖的不是现在的价格，而是未来的价格，现在他们的未来已经是一片黑暗，面临死亡，怎么可能出现预期价值？

开发商最经典的预期是以下几个方面：

一是人民币汇率涨到2元人民币兑1美元，中国会永远通胀，所以住宅会永远保值。道理上可以这么说，如果人民币上涨，热钱始终流入，房价必然会上涨。客观现实恰恰相反，人民币已经涨到顶，热钱正在大规模出逃，未来人民币将进入长期下跌的通道。按照开发商的这个原理来看，中国房价现在已经见顶，将来房价是一直下跌的。

二是中国城市化率很低，将来农民都会进城。是的，那看进什么城，鄂尔多斯康巴什这个鬼城也是城。山东乳山一个包括农民在内总共人口只有30万人的城市，现在空置房有25万套，可住75万人。春节后，我到过安徽、湖北、江西、湖南等省的许多县城，一眼望去，都是一个景观，那就是盖好了的和正在盖的房子一望无际。多少农民都可以住，条件是农民得有钱才能住进去，谁给他们钱？

数据显示，6月份，全国土地增值税366亿元，同比增长56.6%；耕地占用税282亿元，同比增长39.7%；城镇土地使用税184亿元，同比增长51.2%。可见，农民承受的税收压力多么大。

三是GDP增长，房价也要涨。理论上，房价上涨与居民收入上涨正相关。现在恰恰相反，城市居民不仅收入没有上涨，人民币购买力却在下降，这三年人民币购买力平价已经跌去50%。

2012年上半年，国家统计GDP增长7.6%。赵晓教授论证：上半年国内增值税13 434亿元，同比增加1001亿元，增长8.1%，据此工业增加值的增长大约也是8.1%，再按除于1.5的经验法则，则上半年中国经济增长率也许仅有5.4%。

我的论证很简单，关键看第一、第二产业的用电量，第一产业是负增长那就不用说了，现在是第二产业增长3.8%，按照中国GDP增长的需要，如果GDP增长8%，第二产业用电量应该达到10%，3.8%的用电量说明工业一片萧条，何来7.6%的增长？大衰退来临，那么，按照开发商的忽悠，就是房价大崩盘的来临。

还有什么可以忽悠的？理论上已经没有了，一切关于房价要上涨的理论全部破产。在中国房价中，不仅有土地泡沫、税收泡沫，更有灰色支出的泡沫，开发商自己算了一笔账，房价中回扣低的超过15%，高的达到25%。

第七，汇率损失残杀出口。

2012年第二季度，中国资本和金融项目出现714亿美元逆差，这是一季度重回顺差后，2011年以来的第二次逆差，上一次是2011年四季度资本和金融项目出现了290亿美元的逆差，这次逆差是上次的两倍半。上一次美元出逃是由2011年12月5日Swap引起的，这一次是资本常规性出逃，由中国继续放大房价泡沫加剧的。2012年上半年，中兴通讯一家公司，损失汇率1.8亿元人民币，而中兴通讯上半年毛利润只有1.5亿元人民币，汇率损失蚕食了所有的利润，还导致了巨亏，其他如华为等大公司都出现巨大的汇率损失。这样，房地产活了，出口型制造业全体巨亏。下半年，中国出口企业整体要趴下。

第八，无法重构的经济。

中国经济重构，才有人民币国际化的机会。不转型，中国可能会再一次与世界文明和经济繁荣失之交臂，科技、文化和经济永远落后于世界，更谈不上自立于世界民族之林了。要转型，这也是相当痛苦的。

首先，我们必须刺破房价泡沫，只要有房价泡沫存在，内需就不可能刺激起来。道理很简单，房地产业蚕食了一切企业的利润，扼杀了所有人的消费，怎么可能有经济的繁荣？

其次，金融改革。我们祖宗一千多年前就有很好的民间金融体系，有良好的信誉和可靠的担保，发展到晋商、浙商等民间机构，何曾逊于朝廷？为什么我们现在就不能推进，这样畏畏缩缩？过去的十年间，深圳服务于中小企业的小型金融机构，大部分被收购、兼并、重组并上市，成为跨区域甚至跨国的大型金融机构，大家对深发展、招商、平安等名字应该耳熟能详。全国很多地方，也是借金融改革之名将各类小型金融机构合并、重组并上市，成为地方金融主力，大名鼎鼎的金融新秀们都是资本市场的天之骄子。在深圳乃至全国的金融改革过程中，一些超级金融关系人近水楼台先得月，成为富可敌国的超级富豪。然而，在这金光闪闪的“金融改革”背后，中小企业的金融服务体系破碎了。直到2008年的金融风暴之后，中小企业的金融环境彻底恶化，它们变成了国家金融体系的弃儿，超级金融特权全部转向房地产和金融投机等特殊领域。试问，现在的温州金融改革是在改革吗？NO！各种势力的介入都是为了在高利贷崩盘中来分一杯羹，成立的民间团体都是官方人士或者有官方背景的，有什么有影响的民间人士参加？没有。不从实质上改革，这种推进是毫无意义的。

其三，三驾马车的重构。没有一个经济体敢于把投资作为拉动经济增长的主要动力，因为投资完全不能支撑一个经济体的运行。投资占GDP的比重达57%，这是一件极其冒进而疯狂的行为，最终的结果必然是泡沫泛滥，债务发生巨大危机，以致最后崩盘。2012年7月进出口增长2.7%，距离全年目标的10%相差较远。说明受内外需影响，进出口没有明显起色。其中，出口增长仅为1%，出口这驾马车几乎完全停滞下来，出口一直如此低迷对经济影响无疑非常大。内需更不用说，恶性通胀之下，哪来的消费增长？所以，中国经济必须重构，这不是转型的问题，而是要推倒重来。中国最具发展潜力的只有内需，而内需扩大的前提是保证全体国民的长期利益，对未来没有压力，能够进行透支性消费，而不是一味地增加生活的压力。要做到这点，现行体制就要迎接许多革命性挑战。

那么，目前需要做的那就是八个字：生老病死，衣食住行。这八个字代表着中国内需的基础，夯实这个基础，经济就能起飞，而且，可以稳稳当当地参与全球化的历史进程。只有这样，人民币的币值才能真正体现出来。如果做不好这八个字，说什么繁荣都是假的。

其四，货币战略的制高点。如何在货币战略上稳操胜券，要取决于如何建立战略制高点。这个问题的提出源于我们的汇率和财政的问题。当我国汇率问题日益严重时，我国管理层的货币战略的着眼点，一定要放在财政问题上。我们最紧迫的工作是巩固国家财政实力和强化国家财政能力。值得注意的是，我国可能就要面对极为剧烈的价格重置，我们的土地价格和一切资产价格已经高得离谱。千万不要以为货币政策可以独立解决经济问题。当我们依赖货币政策解决经济问题的时候，经济问题非但不能解决，而会以乘数效应不断深化并放大。所谓货币政策的独立性是十分危险的诱惑，货币政策的独立将意味着行政体系的失控。苏联已经是一个经典的案例。

严重的资产泡沫必然导致社会生产成本的迅速攀升和社会生产效率的迅速下降。当社会生产效率下降到达临界点的时候，经济危机和政治危机将会接踵而至。如果不能及早地处理结构性矛盾，我们面临的结果可能不仅仅是“失去的十年”。由于我国财政不能自主和自觉地解决社会资源配置的效率问题，我们必须借助国际金融资本开发中国的自然资源和人力资源，以达到高速发展和充分就业的目的。在借助国际金融资本的过程中，我们必须让渡一部分财政主权。被让渡的财政主权中，最核心的内容就是货币主权。所谓的联系汇率制度，实际上是一种被动的货币发行制度，其本质是部分丧失了货币发行主权。与此同时，也就基本失去了资产定价权和商品定价权。

国际金融资本流入和国际贸易顺差构成中国货币发行依据。财政问题，才是货币战略的制高点。解决不好财政，单纯说货币战略毫无意义。如果汇率大战开打，金融风暴来袭，中国目前的财政将毫无防御之力。

其五，强化民族工业。内需是强化民族工业的基础，没有消费持续增长就根本不可能有自己的民族工业品牌。我们一向认为，我们是在引进技术。技术，难道只能靠引进吗？换一句话来说，引进的就是技术吗？毫无疑问，这么多年引进的技术，基本都是西方即将淘汰的低端技术，高端技术我们根本就引进不了。因为这不是简单的技术问题，而是经济基础的核心。我们要有自己的高端技术，才能有真正的民族工业和民族品牌。靠什么？靠全民消费能力的提高，而不是掠夺全民财富来提升财力，那样只能进一步遏制全民的消费力。

一问一答

问：记得你说跨国公司撤出中国会推高库存，三年都消化不完，这是什么概念？

答：当年日本房价泡沫破灭后，消化库存花了5年时间。中国和日本一样，在泡沫经济时期，市场总是盲目乐观，不断扩大产能，拼命生产，国家宏观经济决策部门也在有意无意地鼓励企业扩张，而经济衰退一出现，原来的市场瞬间不见。

比方说汽车，2011年国内汽车一举突破销售1850万辆，于是，各省拼命上汽车项目。从现在立项的情况看，2015年中国汽车产能将突破3250万辆。他们的理由是：中国人口居全球之首、领土面积世界第四、经济总量位居世界第二，况且现在处于经济发展的腾飞期；国民经济发展需要汽车、当官和为民的都需要汽车，在原汽车与世界人均保有量对比还是较少的情况下（中国每千人拥有的汽车在60辆左右，而美国在800辆左右，不要说达到美国一半的水平，就是千人保有量再翻一番达到100辆以上，这在全球范围内仍是很低的数字），汽车工业还有很大的发展空间，这也是各地大力发展汽车产业的原因与动力所在。这些理由，都是泡沫经济的显著特征，人们的乐观情绪占市场的主导。经济大衰退一来，这些理由其实都不存在。

关于人口，14亿本身是一个伪数据，首先，2015年中国人口老龄化开始，无事可干的老年人会突破4亿人，以农村的老年人居多，这些人连病都看不起，更遑论买车。关于领土，我国的面积很大，但是，具有地理常识就应该知道，中国的山林、水面、戈壁滩、大草原占去73%，美国可年产粮食40万亿吨，中国最多只能生产粮食16万亿吨。何况，这两年飞速发展房地产、高铁和高速公路，可耕地面积减少了四分之一，粮食产量同样减少四分之一，全依赖进口才能弥补粮食供应的不足。

现在的汽车销量已经在直线下滑，预期中国2015年的汽车销量不会超过1000万辆，多余的产能卖给谁？跨国企业正在撤出中国，目前的库存数据没有出来，过剩的产能和积压的库存将会拖死这些企业。这仅仅只是说汽车，其他的产能亦如此。房地产根本就不用说，全国县级以上城市住宅的空置房至少有1.6亿套，再来5亿人都可以居住，问题是，你到哪里去找这5亿人？

问：除了过剩的产能，还有哪些因素导致大萧条？

答：一是人口因素。从2012年开始，25岁至34岁的婚龄人口急剧减少50%，两个原因：一个是因为计划生育，导致减少30%；一个是这个年龄20%的人都在和正在出国，这是一个奇特的现象。这两个原因，导致最有消费力的群体瞬间不见，买车、买房的人都没有了。

二是全社会购买力极度萎缩。从人均GDP就可以看出：当富人纷纷移民时，要减少一部分消费；其他的人生活成本那么高，社会保障极其薄弱，人们对未来的预期普遍悲观，有多少人敢透支消费？没有一点现金，到时出现什么意外，完全没有能力应对。

三是私人债务为全球最高水平。这都是房价泡沫导致的恶果，会一个个让全社会艰难地吞咽。很多年轻的家庭，房贷支出占家庭收入的80%，而健康的经济体房贷只占家庭收入的30%左右。当经济高速增长不再时，这些家庭肯定守不住房产。这些家庭一旦增多，全社会就会出现系统性崩溃。

四是货币巨幅贬值，大多数人的财富大幅缩水。表面上看房价上涨了，个人财富增值了，其实房价上涨就是货币贬值，明明是一个巨大的泡沫吞噬了城市居民的财富，看上去却增加了。一伙玩泡沫的高手，最后一定会受到处罚。因为任何骗局，最后都会被戳穿。

问：关于房价，还能说点什么？

答：没什么说的，我坚信中国房价会发生一次断崖式下跌，就在这段时间。你看看这个数据就会很清楚。

合理的房价与家庭年收入之比，世界银行的标准是5：1，联合国制定的标准是3：1。现实中，美国是3：1，日本是4：1，发达国家最高的是悉尼8.5：1，纽约7.9：1，伦敦6.9：1，首尔7.7：1，东京7.9：1，新加坡5：1，而中国20～30：1，北京、上海、杭州等地甚至达到 40：1。

06

周期与趋势：给政府决策和家庭理财的建议

从20世纪90年代到网络泡沫破灭后，全球经济就一直找不到新的动力。20世纪70年代以来，新浪潮风起云涌，新经济、新趋势不断超越。全球经济从英国工业革命后得到飞速发展，创造了人类有史以来的经济繁荣的盛景。思想界、文化界欣欣向荣，大思想家、哲学家、经济学家不断涌现，世界是平的，世界是圆的，世界是什么的都有，但是，网络泡沫破灭以后，整个世界沉默了，新的思想出不来了。也没有再提出世界是什么的了，因为可以说世界是圆的，也可以说世界是平的，但是不可能说世界是方的。人类很茫然，作为新思想的发源地的美国，一直引领全球科技革命和技术革命的潮流，为人类创造了无数的财富，带来一轮新的繁荣。可是，尽管诺贝尔经济学奖年年照评，但那种震撼世界的大师始终没有出现。克鲁格曼本来和我们一样，只是一个财经专栏作家，也被评为诺贝尔奖获得者。这个现象只能说明一个原因，那就是整个人类的经济已经完全找不到新的经济动能。失去了新的经济动能的人类真的很迷茫。在没有新动能前，很多经济学理论就要回到古典经济学原理上来解释，这是人类返璞归真的本能，那么，生产和消费将成为全球各个经济体重新作为经济的动力加以启动，这个可能将要成为经济学界一直的共识。因此，我把这个经济现象称为——新周期。因为是经济规律中的周期性在发挥作用。这个理论是我第一次提出来的，在此抛砖引玉，与大家一起研究。

第一节

新周期的特征

科学是永无止境的，但是，把科学技术应用于人类并为人类创造财富却不那么容易。比方说生命科学是现代科技领域热衷讨论的话题，就像是经济规律一样，生命的规律决定了人类的宿命，延长寿命可以，杜绝死亡是不可能的。所以，太阳黑子的运动周期，一般为11年到17年。根据太阳黑子的运动规律，来推演人类的经济规律，我们发觉一个很奇特的现象，这就是我在《中国通胀，世界通缩》这本书提出的，通胀和通缩在地球上是一半对一半的事。也就是说，在同一个经济周期内，如果出现有一半的经济体在发生通胀，那么，另外一半的经济体必然发生通缩，而推动这种经济现象出现的幕后推手，就是美元。

在20世纪美国经济飞速发展、通胀蔓延的时候，亚洲、非洲、拉丁美洲等的国家正处在经济萧条饿殍遍野的通缩时期。这是大周期，为期17年。此后的11年，美国经济发生大萧条，又是这些国家经济开始复苏之时。在此后17年，欧美经济开始繁荣，直到网络泡沫破灭，而这些国家的经济又陷入萧条之中。网络泡沫破灭后，美国陷入萧条之中。高盛抛出“金砖四国”的称谓，拉拢中国、巴西、印度和俄罗斯，目的非常明确，就是为了在美国经济衰退之时，利用美元在所谓的新经济体国家赚钱。

高盛抛出“金砖四国”的真正意图

通货膨胀是一种先甜后苦的感觉。开始的时候很吸引人，甜蜜蜜的，引诱着人们都去尝试、去触摸、去亲吻、去爱恋。各国政府首脑和金融商业企业界首脑也格外喜欢。在人们为通货膨胀的两位大师争论不休的时候，人类历史上爆发了两次大的通货膨胀，一次在德国，一次在中国。

德国在第一次世界大战中作为战败国，被迫签署了《凡尔赛协议》，该协议要求德国支付320亿美元战争赔款。试想，那么多年的战争，德国国库耗空、百业凋零、民生不兴，德国政府怎么拿得出320亿美元？要想用税收收入来偿付战争赔款是不可能的。于是，德国政府通过增加货币供给来支付战争赔款。货币供给增加，必然导致通货膨胀爆发。

自然有自然的法则，不是人的因素所能改变的。就好像有高山的地方一定会有深海，当年李嘉诚在深圳特区创办企业之初，把集装箱码头选在盐田的一个简单理由就是，梧桐山比南山海拔要高出80米，所以，盐田附近海必更深，比蛇口更适合建大型的集装箱港口，便于万吨远洋货轮出入。30年过去了，现在看来，李嘉诚的眼光无疑是独到的。

同样，经济也有经济的永恒法则，也是人的意志所无法改变的。那么，全球60万亿美元的GDP，欧美基本上占去了一半。欧美要保持低通胀、高福利的经济形态，全球另一半GDP的经济体必然会发生通胀。也就是说，全球要追求经济总量平衡，也要追求经济形态平衡，欧美要想比其他国家享受更多经济增长带来的繁荣，就必须有踏踏实实的财力来支撑，而全球其他经济体就必然会出现泡沫。

现在这些经济泡沫主要出现在中国、印度、巴西和俄罗斯，这个经济体也是除欧美外最大的新经济体之一，经济总量相当于全球的六分之一、欧美的三分之一。再根据通胀法则，只有在四个国家承担高通胀，才能满足欧美国家的经济形态不至于被破坏。

当下中国通胀了，就全球通胀来讲，现在还有几个国家是陪着中国的。很多经济学家和教授，一谈到中国的房价泡沫和通货膨胀，就搬出“金砖国家”来说事。他们并不知道，所谓“金砖国家”只是高盛炮制出来的，为美国在2012年以后继续保持低通胀、高福利的社会制度而做好的铺垫。

“金砖国家”来源于“金砖四国”，“金砖四国”是指巴西（Brazil）、俄罗斯（Russia）、印度（India）和中国（China）四国，因这四个国家的英文名称首字母组合而成的“BRIC”一词，其发音与英文中的“砖块”(bricks)一词非常相似，所以被称为“金砖四国”。后南非加入，简称改为“金砖国家”（BRICS）。

“金砖四国”一词最早由高盛证券公司首席经济学家吉姆·奥尼尔在2001年11月20日发表的一篇题为《全球需要更好的经济之砖》的文章中首次提出，“经济之砖”如何来解读？文雅一点儿说，这些所谓的新经济体，主要用来为全球经济做铺垫。用我们现在的话来说，就是你通胀，我通缩，一半一半。

2003年10月，高盛在题为《与BRICS一起梦想：通往2050年的道路》的全球经济报告中预言，BRICS将于2050年统领世界经济风骚，他将一些无可比拟的经济体生拼硬凑地放在一起，哄骗全球。没想到，全球各国政界首脑、经济学界的专家，甚至投资大师，都被一股脑儿地忽悠进来。然而经济是波浪起伏的，未来的全球经济很大程度上仍然取决于美元是否贬值，而与新经济体的廉价劳动力及资源透支关系不大。但是，高盛如此忽悠，使得这些经济体国家头脑发热，以经济增速为国家政策制定依据，拼命加快经济发展，上了美国的大当，为美元在很长一段时间提供了源源不断的财富动力，为本国货币增强了崩溃的危机。

我们来看看高盛是如何忽悠的。高盛说：巴西将于2025年取代意大利的经济位置，并于2031年超越法国；俄罗斯将于2027年超过英国，2028年超越德国；如果不出意外的话，中国可能会在2041年超过美国从而成为世界第一经济大国；印度可能在2032 年超过日本；BRIC合计的GDP可能在2041年超过西方六大工业国(G7中除去加拿大)。这样，到2050年，世界经济格局将会大洗牌，全球新的六大经济体将变成中国、美国、印度、日本、巴西和俄罗斯。这样一来，这些国家的首脑头脑全体发热，不顾国民经济的实际情况，大印钞票，人为拔高经济增长速度，满足于所谓的政绩，导致资源匮乏、劳动力廉价、生产力与生产关系扭曲；一味投资，用投资来拉动经济增长。结果是拔苗助长，民生陷入困境，有的国家甚至陷入深渊。

高盛的这个预言是否准确，我们无须加以印证，只就当下来说，现在的实际情况是，在高盛抛出“金砖四国”后仅仅8年，这几个国家同时受到通货膨胀的威胁，而且，通胀程度在全球最高，他们几乎消化了全球通胀的一半。高盛傻眼了，因为这超乎高盛当时的想象。也就是说，通胀问题将会阻碍这些国家经济的增长，而我们面临的不是经济能否快速增长，而是经济泡沫破灭的问题。

高盛的这份经济报告，使中国、印度、俄罗斯、巴西等国作为新兴经济体的代表和发展中国家的领头羊受到世界更多的关注，由此“金砖四国”的称谓便风靡世界。请注意，高盛只是把中国这几个国家当作经济之砖而已，所谓“砖”，只是一个建材而已，或者就是用来铺路的。

像中国一样，“金砖国家”目前面临的问题也是通胀，其特征与中国通胀基本类似，只是严重程度不一样。这是高盛当年忽视的一个主要问题。通货膨胀将颠覆所谓的“金砖国家”预言，因为相对全球来讲，即使这些国家都发生严重的通货膨胀，也不能保证欧美等国的低通胀和高福利。从2010年的GDP总量来看，中国、印度、俄罗斯、巴西全部加起来，也不如美国一国。在经济总量不对等的情况下，全球一半通胀一半通缩的均衡状态将会被打破，新的经济形态将取代高盛的预言。让我们来看看，“金砖国家”通货膨胀的衍生和发展，是如何颠覆高盛预言的。

现在发生的一切，与我当时分析的相差无几。在美国经济衰退之际，美联储最大的使命就是把衰退的时间缩短到11年，而在经济繁荣的周期设法维护到17年。2012年，是这一周期的分水岭，中国、印度、巴西、俄罗斯开始进入通缩，而美国经济开始复苏。由于美国只有在经济衰退的周期成功地在“金砖四国”获取了巨大的财富，才能维持经济复苏持续下一个17年的繁荣。

新周期到来的时候，对中国来讲，一切货币政策、金融政策都无济于事，大萧条已经确立。这就是新周期的第一个特征。美国经济开始复苏，新经济体国家全部陷入深度衰退之中。第一个得到解脱的是俄罗斯，可能只有五年的衰退，因为俄罗斯对美国战略作用更大，2011年12月，俄罗斯加入WTO。第二个是巴西，可能会持续衰退11年。

第二个特征是制造业回归。

当中国所有制造业濒临倒闭的时候，美国的制造业将为美国带来很多就业机会，这是必然的。目前，我们看见的是一片沉寂。

最着急的自然是奥巴马，非农数据频频来袭，失业率高攀不下，经济开始复苏，但是，非常缓慢。从美国的GDP增长情况我们可以看出，2011年美国一、二、三、四季度GDP增长分别为0.4%、1.3%、2.5%、3.0%，2012年第一季度为1.9%，第二季度为1.5%。从美国的GDP增长曲线上，我们完全可以看出，美国经济复苏非常滞缓，以致高盛发出悲叹：再不推出QE3，我们会觉得非常奇怪。从道琼斯指数上，我们也可以看出，2012年第四季度，道琼斯指数稳稳攀上13 800点。但是，欧债危机爆发后，美元指数大幅走强，道琼斯指数一度跌破13 000点，最近才重返13 000点上方。如此缓慢的增长，令市场非常失望。不看这些数据我们也可以看出，全球经济一片惨淡，印度从2011年的9.3%的增长速度直接滑落到2012年第一季度的5.4%，巴西的GDP从6.5%的增长滑落到2012年一季度的1.2%。中国GDP真实的增长滑落到5%以下，甚至更多。

奥巴马怎么办？他一方面推卸责任，在2011年国情咨文中6次提到中国，说是中国影响了全球经济的复苏，更表示将把在中国的美国制造业撤回本土，不和中国玩了。于是，2012年上半年数据出来，美国从中国、印度、巴西、墨西哥等国撤回了39%，力争2012年撤回60%。这样，美国的制造业在中国将100%撤回。他这一撤回不打紧，美国的大小弟兄们跟着就撤出中国。因为中国的土地成本、人力成本都在上升，而市场在萎缩，肯定没钱赚，资本自然出逃。这是资本的天然本性。

但是，这一撤回对美国将意味着什么？对我们有什么影响？我们不妨来揣摩一下。

第一，给美国解决一部分就业，全部撤回，将给美国解决36万个就业岗位，失业率会从现在的8.0%左右下降到6.8%。这无疑增加了奥巴马中期选举的筹码，也使经济数据很好看。全世界的经济体的领导人都一个样，两眼都盯着经济数据。但是很显然，中国的钢铁、汽车将出现全面过剩，大量的汽车制造企业与相关产业会一批一批倒闭，库存的汽车10年也卖不完。美国解决了自己的就业，中国1000多万个汽车产业及其相关产业的蓝领和

500多万白领就会失业，汽车产业的失业潮将在2013年爆发。

第二，中国经济大跃进时，铁矿石价格从56美元直蹿上180美元一吨。美国制造业一撤，中国经济必然下滑，铁矿石价格就开始一路下滑，而我们库存的铁矿石（9848万吨）很多是在160美元至180美元进口的。美元具有全球大宗资产价格的定价权，当时是中国的需求推高了铁矿石价格，现在制造业撤回，那么，美国本土就要加大铁矿石进口。因此，美国将会使用定价权将铁矿石价格打入底部，大约56美元一吨，这样，美国的制造业主的材料成本就降下来了，在全球取得成品竞争主动权。而中国面对大量的过剩根本无法消化，就更谈不上参与市场竞争，因为我们的原材料成本是美国的三倍。这仅仅只是铁矿石，有关汽车、钢铁和汽车相关产业的很多原材料，都会遇上同样的命运。中国经济不垮都不行。

第三，中国汽车制造业有用一点的科技人才，多数将奔向美国，其他的产业也一样，各行各业的人才都会断档，延续起来将会花很多时间。美国不论在中国赚多少钱，我们都无话可说，但是，把中国有用的人才都带走了，这是我们将面对的最大困境。

第三个特征是全球资产泡沫破灭。

这个周期是资产泡沫的拐点，对美元来说也是结束11年的低利率时代。正是这个拐点，让美联储很难办，因为目前美国经济复苏的确比较缓慢，这个本来是中国的机会，可以刺破房价泡沫，实行经济软着陆。然而，中国继续放大房价泡沫，名曰稳增长，实际上是错过了经济软着陆的最好时机。一旦2012年下半年美国经济复苏加快，2013年美联储的货币政策将会调整，也就是我在《中国通胀，世界通缩》当中讲的美联储将会分三次加息，第一次是象征性的，当然，这次加息的最好时机就是美元已经完全出逃中国以后。美元出逃中国最后会到什么规模，就看人民币最后贬值到多少钱，有一点是肯定的，持有人民币资产的人都会受损。现在，制造业每一分钱的汇率损失，都是现在持有美元的人将来所获的收益。2012年上半年，中国出口企业汇率损失大约85亿美元。当然，持有美元的人最后不只是赚这一笔钱，还要包括房价泡沫后消失的泡沫资产。所以，没有买房的人千万不要认为这两年没赶上买便宜的房子有些遗憾，所有的损失都会在未来补上，而买了房子的人从此失去了这个机会。

铁矿石的最终价格将会达到56美元；黄金跌破1200美元；原油价格跌破50美元。而这些大宗资产，中国的储备都是在价格非常高的时候买入的，就连中投储备黄金的价格也在1600美元左右，就是因为中投没有研究新周期的问题，导致对黄金价格走势判断失误，以为黄金1600美元时是阶段性的底部，才大量储备黄金的。仅2012年6、7两个月就增持黄金175吨，价位都在1580美元至1600美元之间。如果没有中投的增持，在美元指数突破84点的时候，黄金价格就将跌破1300美元。当然，中投增持黄金有他自己的想法。比方说，因为中国通胀，很多中国投资人在高位买进黄金，现在已经亏得一塌糊涂。中投稳定黄金价格，首先稳定了中国的黄金市场，让人民币大量购买黄金，比大家一起去买美元更好，从政治上说这很重要，可是，黄金的定价权不在中投而在美国，也就是说中投最后无法护住黄金价格。这是新周期经济的特性决定的。

相反，粮食价格将会暴涨。2012年8月10日，财经作家叶楚华在微博上说：

全球粮食市场小麦、玉米和大豆价格上涨，7月分别上涨50%、50%和20%。

注意：2011年，中国进口各类粮食超过6000万吨，2012年上半年中国海关总署发布的数据显示，中国粮食进口达4085万吨，同比增长41.2%，其中玉米进口240.54万吨，同比增长6535.2%，谷物及谷物粉进口191万吨，同比增长283%。像中国这种专搞开发房地产的国家，耕地损失巨大，所谓红线早就不存在，未来有可能60%的粮食需要进口，粮价岂能不涨？我们千万不要忘记：2007年，粮价飙涨使得全球大约30多个国家发生民众暴动，其中包括埃及、墨西哥、摩洛哥、索马里、印度、印度尼西亚、孟加拉国、布基纳法索、喀麦隆、海地等。2009年的高粮价把全球4400万人推入极端贫困的境地，并且推动了北非国家的内战及中东起义。

粮食的意义，我在前两本书中都表明了我的立场，那就是粮食价格是中国社会对房价泡沫的最后的底线，是不容突破的。如果为了房地产经济导致粮食减产依赖进口，那么国际粮价必然暴涨，粮价暴涨将引起全社会的骚乱，因为中国人民是不答应的。

第四个特征是文化再度繁荣。

文化是一个经济体的软实力，也是一项潜力巨大的产业。在全球经济体各自暴露巨大的危机并开始爆发时，正是美国经济走入天堂的时候，美元的走强已经势不可挡。从市场上我们完全看得出来，全球非美货币纷纷降息，表明这些国家都在走向衰退，开始刺激经济。这是毫无用处的。货币政策，相对经济的周期性只是技术问题，改变不了趋势，这里面的问题用技术手段无法解决。

美国文化的繁荣、大师的诞生、大作的出现，绝非一日之功，而是长期的创造激情迸发出来的。可以想见的是，当年意大利文艺复兴的灿烂图景将出现在当代的美国，尽管美国本土文化的兴盛和繁荣只有200多年，远不及英法德和意大利、希腊等国，但是，一代艺术大师、伟大导演、表演天才将如繁星灿烂。

伦敦奥运会上，美国选手人才辈出的景象让人赞叹，不得不服。再一个，全球杰出人才都在奔向美国，它不强大谁强大？

尽管我现在不知道美国的文化会搞出什么东东来，但是，我感受到一个大时代即将来临。这个大时代的思想风暴和艺术杰作一同在美国诞生，因为它已经聚集了人类的精神财富和各民族文化的精华，足以傲视天下。

在新周期经济中的中国机会

新周期经济中，再玩泡沫已经不可能了。房地产的功能必须回到民生安居上，绝对不允许投机炒作。但是，前提是房价泡沫必须破灭。任何对于房价泡沫的幻想，当政者都不应该存留，抛弃幻想才能放下包袱、开动机器，推动中国社会的发展。

在新周期经济中，制造业的发展还有广阔的空间，前提是开展新技术革命。中国不要指望去欧美寻找进口技术，核心技术谁也不会出让，能够卖给中国的技术都是面临淘汰的或者是低端技术。我们要有自己的企业研发机构，投入大量资本进行技术革命，才能在国际市场上立于不败之地。制造业要赢利已经非常不容易，更谈不上投入资本去搞技术研发，也不可能长期培养高精尖人才，那么，恢复起来没有五到八年根本行不通。

未来的中国，基本建设还有空间。比方说，我们的铁路里程按人均还比较短，但是，中国人口虽然很多，以后真正坐火车的群体将会锐减，所有高铁都将出现过剩。所以，高铁的发展也只能缓慢发展，不能太过超前。这有两个好处：首先是便于保护耕地，修养农桑，将农业发展起来；其次是高铁消耗资金量太大，不利于集中投资。

我们个人在新周期中如何理财？

在这个周期里，人民币资产可能要受到损失，股市不行，楼市也不行，所以，最好的理财方法就是学会外汇理财。关于外汇理财，我在《牛刀说：我们怎样过上好日子》一书中，有过详细的披露介绍，在此不多谈。

这个周期有一些机会，那就是有一些资产价格将会跌入底部。比方说黄金，跌到一定的程度后，可以适当增持；比方说住宅，泡沫破灭后需要居住产品的可以买入；比方说中药材，回到药用价格可以收藏；比方说中国真正酿制的品牌白酒；比方说自己有特殊收藏癖好的藏品，等等。细心而又耐心，就会意料之外，听见财富的声音。等到中国的制造业有自己的品牌时，可适时配置一些业绩良好的公司股票，不为投机，只为投资。

第二节

在周期中谈趋势

关于经济趋势，历史上无数的经济学家都在努力研究，有学术成果的著述却不经见。在逻辑上的分歧也比较大：有的学者倾向于认为首先必须确立大的趋势再来谈周期性；而有的学者认为在经济发展的过程中时间的力量很强大，因为时间是没有逻辑的，只会永远往前走，在时间的运行中经济是有机会的，错过就永远错过，永远不会出现相同的机会。因此，各个经济体的发展趋势可以不一样，而周期性存在于整个地球上。“胜人者有力，自胜者强。”老子在《道德经》中这样说，说明自有人类以来就一直存在着竞争问题。周期性存在着竞争的强烈欲望，所谓，物竞天择，适者生存。这是周期性提出的丛林法则。而趋势往往主张市场的力量是最强大的，顺应市场的规律才是发展经济最好的选择。市场自有其内在的力量，力量也是强大的，这种力量传导到行为上，我们称之为规律。而规律具有严密的逻辑性。在这里我想说的是，周期性是宏观的，而趋势是微观的。区别就在这里。

传统上，中国人不讲究宏观和微观的区别，就像中国的饮食，甜酸苦辣咸一锅煮，而西方人却是肉是肉、鱼是鱼，甜酸苦辣咸诸调味品分别置于碟中，由进食者自行调和。所以，中国人信奉与天斗、与地斗、与人斗斗争理论，所谓人定胜天。很少有人思考：为什么牛顿在完成伟大的三大定律后，晚年投身宗教，很少进行科学研究；许多伟大的科学家，如爱因斯坦、霍金等都是虔诚的基督徒。在他们看来，人虽然了解了一些貌似正确的东西，但这些东西在自然面前远远称不上有意义，人类不可能在终极意义上认识自然、改造自然。

回顾自己对中国房价的一次误判，就在于过于相信市场的力量，而中国“人定胜天”的哲学思想主导了当时的“救市”策略，而这种“救市”必然造成后续的经济灾难。既然是必然的事，为什么一定要去蛮干？次贷危机，只是大周期当中的一次小灾难，美国顺利躲过，而中国错失了“调结构扩内需”的发展经济的机遇，从而走进泡沫经济的胡同里。

依然有人在电视上、网络上唾沫横飞，什么“黄金5000美元”，什么“过了黄金十年，还有白银二十年”，“未来20年中国经济依然可以保持8%的高速增长”。且不谈他们造诣如何，利益取向如何，对如此巨大的经济系统，如此多的变量，他怎么可能知道其内部变化，遑论未来方向？即使将一只蚂蚁放在面前研究，穷其一生，也未必知其一二，何况是如此复杂个体的世界？

关于当前的泡沫经济

美国著名投资公司GMO总结了经济泡沫的十大特征，本人转载如下：

1.巨大的投资灾难往往始于一个令人信服的增长故事。

它可以是一些革命性的新技术，比如19世纪的铁路、20世纪20年代的收音机或者最近的互联网。即使这些技术都是真实的，但它们的预期增长率却可能被高估。早期的快速增长，往往让人们相信这种增长会持续到遥远的将来。

同理，这样的增长神话也可能针对某个特定的经济体。某个经济体将有潜力成为霸主，在很多时候往往是投资者的一场空想。1719年的法国密西西比泡沫，就是被约翰·劳的印度公司所吸引，相信其可能使法国成为欧洲的霸主。而在20世纪80年代末的东京，投资者们蜂拥而至，就是因为相信日本可以取代美国成为世界第一经济大国。

2.对当局能力的盲目信任是另一个典型狂热的特征。

20世纪20年代，由于美联储的成立，人们相信经济的繁荣与衰退交替的周期已经终结。一个“新时代”已经开始，人们认为股票不再那么有风险，股票估值直线上涨。在20世纪90年代中期，一个相似的理由也悄悄流行，人们相信美联储主席格林斯潘已经驯服了经济周期。“新范式”在新千年中的熊市中消失了。很快，它被伯南克的“大缓和”理论所取代。伯南克认为，高水平的按揭债务是可行的，因为货币政策制定者的水平已大大提高。哎，结果证明“大缓和”不过是又一个可笑的自我安慰——人们在被哄骗时，经常会自己安慰自己“这一次是真的不同了”。

3.投资的普遍增加。

这是金融灾难的另一个先行指标。在盲目的乐观中，资本经常被胡乱浪费。只有泡沫破裂之后，这种错配的恶果才显示出来。正如19世纪经济学家约翰·斯图尔特·穆勒所说：“恐慌并不摧毁资本。资本在此前因为投入毫无希望的无效项目中而被摧毁，恐慌只是反映出被摧毁的程度。”

在19世纪40年代英国狂热的铁路投资中，伦敦与彼得伯勒之间建了三条铁路。但其实，只要一条铁路就够了。技术泡沫破裂后，新的光纤网络过剩了很多年。而IMF（国际货币基金组织）最近发布的一份世界经济展望中指出，GDP中投资占比过高，往往会致使国家遭受最严重和长期的经济低迷。

4.腐败激增总是与巨大的繁荣相伴而来。

正如维多利亚时期伟大的新闻人、经济学家沃尔特·白芝霍特所说："所有人在最快乐的时候总是最容易轻信别人，当他们拿到钱的时候，就会出现一个欺骗他们的绝佳机会。"美国经济学家约翰·加尔布雷斯在《1929年大崩溃》一书中，描述了一个欺诈行为的链条："在繁荣时期，人们总是放松的，总是愿意相信他人，钱总是很多。但即使钱再多，也总有一些人要更多的钱。在这种情况下，贪污的比例就会增长，被发现的概率就会减少，收受的赃款也就会更多。"

5.宽松的货币。

货币供应的强劲增长是金融系统脆弱的另一个重要指标。自17世纪30年代的郁金香狂热事件以来，在所有的重大投机背后，总有宽松货币的身影。低利率让投资者寻求更多高回报，更有风险的投资。沃尔特·白芝霍特写道："英国佬（John Bull）可以承受许多事情，但却不承受不住2%的利率。"他评论道，当利率下降到如此微薄的水平时，就驱使人们用千辛万苦攒下来的积蓄去投资一些不靠谱的东西——比如一条通往堪察加的运河、一条去沃切特的铁路、一个让死海复活的计划，以及一个往热带运输冰刀的企业。

6.固定汇率。

固定汇率国家往往产生不合理的低利率，它虽然能轻易催生繁荣，但最终会以泡沫破裂而终结。欧洲货币联盟的创始人就是忽略了这一点，他把低利率和繁荣的房地产带给了西班牙和爱尔兰这两个小成员国。固定汇率还造成了1997年亚洲金融危机。大规模的资本流入也是金融不稳定的另一个重要指标。

7.信贷疯狂增长。

危机通常发生在信贷长时间疯狂增长之后。在繁荣经济时期借的债，最终无法偿还。国际清算银行的经济学家研究表明，贷款严重偏离过去的轨道，呈现超乎寻常的增长，有80%的概率导致金融危机。最近对过去一个半世纪的信贷繁荣的研究也表明，“信贷长期超常增长是金融危机的重要预测指标”。

8.道德风险。

道德风险是巨大投机狂热的另一个共同特征。由于人们普遍相信当局不会让金融系统出现问题，贷款的繁荣往往因此走向极致。不负责任的行为得到了纵容。格林斯潘在美联储的任期之内，市场普遍相信，只要投机者遇到麻烦，他就降低利率，为市场注入流动性。“格林斯潘对策” 对20世纪90年代的技术泡沫以及新千年的房地产热潮负有责任。

9.金融结构变得不稳定。

债务的增加并不是唯一需要担心的地方。美国经济学家海曼·明斯基发现，在繁荣时期，金融结构会变得不稳定。用借来的钱进行的投资，回报无法偿付贷款（明斯基称其为“庞氏骗局”)。结果就是，金融系统会变得越来越脆弱，即使是平时微不足道的小事件，诸如利率小幅上升或者资产价格下降，也会酿成大事。20世纪20年代的高杠杆率投资信托、最近十年来出现的次级债CDOs，都是庞氏骗局的典型例子。

10.快速上升的房地产价格。

有危险的贷款往往由房地产抵押担保，所以，贷款迅速增长与房地产价格的迅速上涨同时出现，可以很确定地预告未来痛苦的泡沫破裂。地产崩盘时，大量新建住房会让情况变得更糟，西班牙、爱尔兰和美国，最近都提供了血淋淋的教训。

总之，研究表明，信贷的迅速增加是金融系统不稳定的最重要的领先指标。资产价格泡沫的出现是第二个最为可靠的危机指标。低利率和快速的货币增长也是好的警告标志。由于投资泡沫造成资本错配，房市的崩盘会造成严重且长期的经济衰退。典型的投机狂热往往由一个令人信服的增长故事和对当局的盲目信任相伴而来。这一切因道德风险和猖獗的腐败而变本加厉。

中国经济目前的状态，与这十大泡沫特征极其相似。中国经济依然在运行，也是一个奇迹。它的存续，几乎完全依赖于连续的货币超发，借新还旧，它自身已经失去了自我维系的能力。说得通俗一点，就是“泡沫”；说得学术一点，就是其价格已经远远超出了其能够产生的现金总流入。

但是，货币超发是有严重后果的，这将导致严重的资产泡沫和通货膨胀。日本、东南亚经历了相当惨痛的经济崩盘与衰退，日本至今仍在衰退的泥潭中挣扎。我原先预计，只要货币政策保持2010年以来的政策不变，房价泡沫将于2012年6月30日后到2013年底之前破灭，只是房价泡沫破灭，整体经济不会崩溃。但是，2012年5月，央行开始改变货币政策，一个月内两次下调基准利率，重新放大房价泡沫。那么，虽然可以延续一时，但最后的结局必然不仅仅只是房价泡沫破灭，而且是整个经济也将崩溃，后果要比房价泡沫破灭严重得多。

我的网友、财经专栏作家陈思进是这样形容泡沫的：千万别心存侥幸！每当泡沫来临时，总会有人说“这次不一样”“我们这儿是不一样的”，可历史总是惊人的相似，历史总是不断重演，区别在于早晚而已。结果，造就了800年来的一部金融荒唐史。

关于汇率大战

有资产泡沫就必然有汇率大战。美国在2012年以前，有长达11年的经济衰退，其间，GDP增长最快为3.8%，处在严重的通缩状态，令人不堪。很多经济学家有一句话，那就是通胀比通缩好。我不知道，这个好好在哪里？通缩和通胀应该是不同的经济周期的不同表现，不存在好和坏的问题，也不存在有利和不利的问题，而是经济的周期性在货币市场的表现。如果用一句话来表示，那就是：你在笑时人很甜美；而你在哭时，没人觉得你很丑。有笑，就一定有哭。美国自己在哭时，他希望别人笑，所以，他开始实行低利率的政策时，就是希望其他国家笑。至于其他国家是哪些国家，那他是有所选择的，上一轮选择是“金砖四国”，让这四个国家笑。为了让这四个国家笑容更加灿烂，美联储还推出QE政策，先是QE1，后是QE2，让“金砖四国”的笑容感染了世界。于是，这四个国家通胀之火就开始熊熊燃烧，焚尽一切财富。现在不同，新周期到来后美国要开始笑了，那么，“金砖四国”必然要开始哭了，而且，一定会哭得撼天动地、伤心欲绝。这只是个比喻。

而在这四个国家中，只有一个国家实行固定汇率，那就是中国。什么是固定汇率？所谓固定汇率（Fixed Exchange Rates）是指汇率的制定以货币的含金量为基础，形成汇率之间的固定比值，是货币当局把本国货币对其他货币的汇率加以基本固定，波动幅度限制在一定的范围之内，保证汇率的稳定。

“二战”以后，建立了以美元为中心的固定汇率制，国际货币基金组织规定，会员国的货币平价一律以一定数量的黄金或美元来表示，成员国的货币汇率，仅能按金平价之比在一定幅度内作上下限各1%的浮动。当某国货币对美元的汇率波动超过这一幅度时，该国官方有义务将汇率波动限制在规定上下限之内。

按照“布雷顿森林体系”，国际货币基金组织的会员国必须确认美国政府在1934年规定的35美元折合1盎司黄金的官价。美国政府承担各国按此价格用美元向美国兑换黄金的义务。当黄金官价受到国际金融市场上的炒家冲击时，各国政府要协同美国政府进行干预。在布雷顿森林体系下，基金组织各会员国的货币必须与美元保持固定比价。美国政府根据上述黄金官价，规定1美元的含金量为0.888671克纯金，各会员国货币对美元的汇率按各国货币的含金量与美元确定固定比价，或直接规定与美元的固定比价，但不得轻易改变。汇率波动幅度应维持在固定比价的上下1%以内。如果货币含金量的变动超过1%，必须得到国际货币基金组织的批准。布雷顿森林体系的双挂钩，使美元等同于黄金，各国货币只有通过美元才能与黄金发生联系，从而确立了美元在国际货币制度中的中心地位。在这一货币制度下，资本主义世界各国都用美元作为主要的国际支付手段，许多国家还以美元作为主要的外汇储备，有的甚至还用美元作为发行货币的准备金。因此，战后的国际货币制度实际上是一种美元本位制。

历史上许多国家在固定汇率后，最后的结局是都会引发国际炒家的攻击。道理其实很简单，货币在单边升值时，国际热钱会流入这个国家，而一旦升值到位，国际热钱就会出逃。攻击汇率，就是一种套利行为。在这种套利行为出现之前，很多跨国企业会转移资产，市场上最明显的表现就是制造业撤离，制造业撤离完毕，一场规模宏大的套利行为就要开始。这就是我要说的，中国金融风暴已经近在眼前，而且，风暴已经在孕育。

我们眼前要关注的就是，2013年2月初，Swap到期，美联储究竟怎么做？我在前面讲过，只有两个结果，一个是宣布利率互换掉期到期，终结互换协议。那么，经过一年的时间，其他非美货币全部完成对人民币的贬值后，美元兑人民币就聚集了异常强大的升值动力，将迫使人民币兑美元迅速贬值到6.8元至8元的区间。国际炒家不可能不懂这点，他们将奋力做空人民币。而这个时候，中国企业的年报出笼，不用说，数据不理想，不仅出现大面积亏损，甚至还会有很多制造业企业破产。

这只是危机的开始，我相信决策层有能力渡过，因为我们还有足够的外汇储备。如果美联储的货币政策不发生变化，那么，中国渡过这场危机后，还有一段平缓的时间。

希望中国社会对此引起高度警觉，找出应对的办法，也许现在开始防御还有救。如果继续放大房价泡沫，后果将不堪设想。

第三节

人民币的新战略

美元、欧元、人民币三足鼎立

这场金融风暴后，人民币将被迫国际化。所谓国际化，是指人民币汇率自由浮动，人民币不仅仅只是和日元自由兑换，和其他货币也将实行自由兑换。那么，这时候我们才可以说，这是考虑人民币战略的时候。把这个问题谈透，首先得来看看全球货币分布。本次欧债危机的最后结果不一定是欧元区的解体，尽管希腊或者爱尔兰、意大利可能退出，但欧元区一定还存在。但是，有两点可能会改变，一是欧元美元的兑换率为1：1的格局会出现，二是欧元区黄金持仓量将低于8000吨。也就是说，本次欧债危机是美元第三次攻击欧元，美元的目的基本达到。

其他风险货币的风险就不用谈了。全球货币基本出现三足鼎立的局面：

美元——相当于三国里的曹操，阴险狡诈，帝王之心尽人皆知，但是，知错改错从不认错。曹操文才武略齐备，火烧乌巢大败袁绍后，挟天子以令诸侯，横霸中原，实力雄壮，四处搞事，试图一统天下。在新周期时期，美元将结束长达11年的低利率状态，开始集聚上涨和加息的能量，为制造业的迅速复兴创造低成本的环境，因为美国的人力成本不可能降低，只有降低原材料成本才能打败一切对手，在国际市场上夺回制造业丢失的市场。这一役，美国很快会出奇制胜，前提是美国的制造业回归本土70%以上才会重拳出击。这一出击，全球震撼，资产泡沫全部现形。道理很简单，有资产泡沫存在就不可能有制造业的繁荣。制造业将带来全球工业的科技创新，动能更强更伟大，新能源、新信息、新工艺将会层出不穷，国力自然强大起来，可确保美元在新周期内称霸全球，就像司马懿后来灭吴灭蜀，一统天下。

欧元——相当于三国里的孙权，自古英雄出少年，仅仅只有12年的历程，在多灾多难之中，练就雄心壮志。千万别小看欧元区，作为欧盟的一个经济体，是人类和平的象征，欧盟被寄予了人类最崇高的使命。欧元债务问题，在新周期内有能力处理好：一是良好的工业科技的基础犹在，经济增长的动能并未完全消失；二是欧洲真正的财力还很雄厚，有9300吨黄金储备和充足的外汇储备；三是欧洲自然资源保护堪称全球一流，欧洲大陆还有无尽的矿产资源，海底的资源未经探明的宝藏一直是个谜团；四是欧洲各民族的文化和精神财富仍然无敌于天下。欧元再展雄风的机会尽管不会在新周期内，但是，后续发展的动能非常强大，仍然是美元最强劲的对手。不排除美元还会第四次攻击欧元。

人民币——相当于三国里的刘皇叔，曾经美名天下扬，三顾茅庐更是有口皆碑。但是，中国自古以来就有功名心害死人。岳飞一心想着“直捣黄龙、迎回徽钦二圣”，结果招来杀身之祸；西湖三杰之一的于谦，要不是天天说“民为重，君为轻”，哪里会被懦弱无能的英宗皇帝杀头？中国自古以来就是礼仪之邦，结果历朝历代贪官层出不穷。最近，网上盛传的前大摩负责中国房产业务主管皮特森被判入狱9个月。宣判前他对CNBC（消费者新闻与商业频道）表示，自己的行为根本不能称之为“行贿”。

本次灾难发生后，人民币开始找回次序，寻求新的价值。俗话说，瘦死的骆驼比马大，人民币在全球货币市场的一席之地犹存。未来的人民币相当于日元，如果像目前这样的货币体制，将来的某一天，可能是80元兑1美元，这是后话。我想说的是在新周期内，人民币如何布局全球：

一是横扫东南亚小国。和日元的直接交易实际上意义不大，但是，由于日本是全球第三大经济体，适当联手有好处。从数据上看贸易顺差犹在，实际上只是加大了同日元的直接兑换，而美元和欧元的贸易全部是逆差，也就是说美元、欧元都在出逃。新周期内，欧美市场对中国很不利，所以，货币的立足点是扩大同东南亚的货币直接交易。这样做，一来可以直接反击美元回归亚太地区的战略，二来也可将南海问题解决好，主权绝不能退让，合作开发可以双赢，加上中国公民赴东南亚旅游也方便得多。

二是拉拢俄罗斯，与卢布直接兑换。俄罗斯是头饿狼，我们不可与之为敌，但是，也绝对不可过于亲密。国家与国家之间没有政治，只有利益。在利益上是不能谦让的，一定要据理力争。人民币与卢布直接兑换，我们就没有必要制定边贸优惠政策了，一切由市场定价，现场买卖，自由灵活，有利于贸易的顺利进行。俄罗斯与中国的贸易稳定，大家各自的利益都在其中，边界也就稳定了。

有了以上两点，加上与日元已经进行了自由兑换，那么，人民币的底气就很足了。将来的竞争，当美元再次攻击欧元时，人民币应当出手相助。当然，美元攻击人民币时，欧元也会出手；反之，如果欧元攻击美元时，人民币应该相助于美元，各自保持实力，方能立于不败之地。

人民币崛起必须解决的内忧

2012年3月5日，我接受英国广播公司（BBC）资深财经记者皮特尔访问时谈到一些观点，本不想在国内公开发表。但是，在“两会”上，住建部部长姜伟新首次提出七八个大城市的房价一定要降，否则，泡沫破灭后很难处理。这是官方首次承认房价泡沫，并公开表态要降房价。不过我认为，中国的房价不只是七八个大城市，就连三、四线城市有的泡沫也已经很严重了。现在，危机终于降临。以下是我和皮特尔的对话：

皮特尔：你对中国房地产的观点，在海外产生了广泛的影响，你认为这种危机什么时候爆发？

牛刀：我写过一本书，叫作《穷人通胀，富人通缩》，就是写中国的房地产经济问题的。这本书是三年前写的，书中关于房价走势以及时间节点的分析，已经得到印证。当时，我并没有分析政府会采取“限购”和“限贷”的政策，这种政策只能延缓泡沫破灭的时间。日本政府当年处在这种时候，采取的是比中国政府要果断的措施——实行《土地融资限令》，不给房地产一分钱贷款，泡沫很快破灭。中国政府目前采取的措施只能拖延房价泡沫破灭的时间，估计政府换届后会采取更加严厉的措施，刺破房价泡沫。

2012年人民币处在升值的末梢，政府准备实行人民币汇率自由浮动，提出的方略是加大波幅，这也是一种拖延时间的行为，估计华尔街对此会有所反应。

2012年，人民币面临的是贸易和汇率两大难题，不解决就将影响全球贸易，与官方的对外开放政策相左。

皮特尔：中国房价泡沫到了什么地步？

牛刀：从1984年拉美房价泡沫破灭以来，中国房价泡沫是全球经济最大的泡沫，远超当年的日本和拉美的一些国家。在《穷人通胀，富人通缩》这本书中，我从四个数据分析了中国泡沫的严重程度：一是房价收入比超过了当年的日本两倍多，国际标准是3到6倍，日本当年泡沫破灭时是16倍，中国现在很多城市超过30倍；二是租售比，日本当年是160倍，中国的一线城市超过了200倍；三是空置率，国际标准是6%至10%，日本当年是22%，中国有的城市达到50%，普遍超过30%；四是住宅总值，国际标准是200%，中国房价暴涨带来的是什么？住宅总值的大幅上升，已经脱离了GDP的增长。在国际上，我们来看看，中国的房地产的总市值在过去10年中也已经涨了5倍以上，2010年房地产总市值占GDP的比重大约为360%，现在已经超过380%，而美国目前只有200%左右。巴西的经济泡沫破灭时，房地产占GDP的比重为290%，日本房价泡沫破灭时，房地产占GDP的比重为310%。如此巨大的泡沫，管理层难道视而不见？

皮特尔：你刚才讲人民币面临贸易和汇率两大难题，对房价会产生什么影响？

牛刀：国际经济学界有一种观点，人民币与美元的汇率大战将要开始。首先，我要澄清一种谬论，加大波幅只是中国央行的一厢情愿，人民币汇率问题越早实行自由浮动对中国就越有利。现在拖下去或者继续单边升值，将来中国受到的损失就越大，造成最后的结局就是3.2万亿美元的外汇储备人间蒸发。

在2010年初全球风险投资论坛上，当时，对中国货币的选择方向时，我发表了我的演讲，题目是：《贬货币还是降房价？》。我对货币政策提出了我的质疑，我认为不能贬值货币而应该降房价，因为一开始贬值货币，不仅仅会造成城乡居民储蓄存款大幅缩水，还将造成大量的社会问题，直接的后果是中国人民的养老基金、社保基金、住房公积金大幅缩水，仅仅是养老费用中国人民就有1.9万亿元，实际购买力现在已经缩水50%，人间蒸发了1万亿元，将来一定要付出代价。

人民币价值回归，中国经济才有未来

从货币上来说，也应立足长远，建立战略地位。货币的第一价值是诚信，没有诚信的货币是没有价值的，在全球都会遭到抛弃，最后更加一文不值。在旧的经济格局中，美元收放自如，宽松有度，再大的危机也能顺利渡过。比如次贷危机，美国本土虚拟资产蒸发6万亿到8万亿美元之间，与中国这轮泡沫资产相近似，但是，中国引发的危机将比美国次贷危机更大、影响更大。货币的第二价值是M2总量只能占GDP的60%至80%，在经济高速增长时，可以达到80%，而在经济衰退时只能保持在60%，因为经济衰退如果货币量增大，更多的人就会负债投资。美国的货币总量就是这样控制的，而在2011年，中国的货币总量达到GDP的180%，将会发生什么事，难道还要我说吗？货币的第三价值是利率平稳，利率平稳则经济平稳，经济平稳则社会平稳，轻易加息和降息都不可取，这个工具不到万不得已不能轻易动用。第四个价值是存贷利差的选择，金融是为经济服务的，所以，我们一直把金融业定为服务业，没有哪个国家像中国这样把金融产业当作是支柱产业，以赢利为目的，蚕食企业的利润和个人的收益。所以，利差的原则是对储户存款的保护和货币价值的维护，坚决消除负利率。

以上问题决定中国经济的未来，请管理层予以高度重视。

一问一答

问：你为什么一直坚持认为美联储不会推出QE3？

答：20世纪90年代中期，美国网络经济泡沫破灭，对中国带来了一次历史性的机遇。像现在的中国一样，房地产经济泡沫破灭后美国也六神无主，不知如何转型，也根本找不到新的动力。那时，美国的底特律成为一座空城，车间全部迁出美国，到全球其他国家。这种制造业大规模外迁，给很多国家提供了机会，中国也分到最后一杯羹，如奥迪在长春的落户、通用汽车在上海的落户、韩国汽车到北京的落户、日本本田到广州的落户，等等。中国汽车的合资合作规模开始扩大，汽车工业成为中国制造业的龙头。其他制造业也一拥而起，催生了一轮经济的繁荣。本来这种现象还可以继续，但是，这时欧元区成立，欧元的诞生首先影响的是美元的霸主地位，美元转而攻击欧元。

一场金融大战改变了时代，也改变了全球经济的大格局。

首先是美元进入零利率运行的格局，一方面是向全球新经济体国家输入通胀，用金融的手段在“金砖四国”掠夺财富，一方面为攻击欧元预留空间，这是一举两得的事。其次是刺激疲弱的国内经济，鼓励美国公民大胆消费，同时，为将来加息作准备，迎接新周期的到来。一切都考虑长远，一切尽在掌握中。再次是如果新经济国家通胀烈火没有烧起来，就来量化宽松，也就有了QE1、QE2。这后面两点确实管用，把中国的通胀一下点燃，熊熊燃烧，所有资产价格一下蹿到顶峰。现在，购买人民币的任何资产都没有投资价值。这时，美国本土因为中国通胀的传染也直逼2%，这是美联储最后的容忍度，所以一直不敢推出QE3。

现在的情况更加明了，因为美国制造业正在从全球各国回归，底特律开始重新繁荣。美国制造业一回归，面临的是降低原材料成本，因为美国无论如何也无法降低人力成本，在新技术没有发明前，降低原材料成本是美国唯一的选择。从这个时候起，新一轮经济周期开始，上一周期的资产泡沫都会陆续破灭。

问：你认为明年中国经济增长情况如何？

答：2013年可能是中国最困难的一年。我在《中国通胀，世界通缩》这本书中分析，欧债危机今年要有一个结果，看来，欧洲和美国都在故意拖延时间，就等着中国房价泡沫破灭，才把欧债危机的结果公布。

这个道理很简单，欧债危机出结果时，美元指数会站稳85点，黄金会跌破1300美元，欧元兑美元最终会是1∶1。现在还没有迹象，欧洲、美国正在反复纠缠之中，如果一直拖延到2013年，那欧洲经济不会很快有起色，这对中国经济影响非常大。中国进出口在欧洲占40%左右，将会直接下拉GDP1.5%至2%左右。明年投资继续下降，起码会下拉GDP3%。民间没有增加消费的动力，所以，消费也会下拉1%。如果今年官方GDP达到7.6%，2013年的GDP顶多只能增长3.1%。这就是硬着陆。

总之，大家作好过冬的准备，这次经济大萧条是全球性的，谁也别指望有谁来救谁。

（注：本书所有章节后的问答，大多是本人参加羊城书展时分别在书展现场、广州购书中心和广东省立中山图书馆做的三场演讲时分别答读者问，因演讲中部分涉及本书内容特刊发在此，有几篇是平时回答网友的提问，也一并刊登。）

经济危机如何引发社会问题

——对北京大暴雨灾祸的经济学反思

截至2012年7月26日，北京已发现77人因暴雨死亡。北京大暴雨灾祸是一场社会性灾祸，却来自于经济灾祸。

网友分析说：作为一个北京活地图，我告诉你们一个下雨行车的诀窍——尽量走市区里面的路，不要走环路，长安街、平安大街、东单大街、西单大街什么的都是有保障的。咱们老北京城的排水还是没什么问题的，从前的路没大问题，有问题的都是新修的路。下水道是一个城市的良心，应该受到拷问的不仅仅只是下水道的设计问题，而是一个城市的良心。

偏偏祸不单行。江苏地震开始发作，在高邮已经爆发4.9级地震，引发了社会的关注。新中国成立初期，著名科学家李四光教授预测中国60年内将有4次特大地震，预测地点分别是在唐山、台湾、四川、江苏，现在以上三个地方都应验了，还有一个地方没有发生，就是在江苏。江苏是中国房地产泡沫的重灾区，一旦发生7级以上地震，那无数的商品住宅将会出现成片成片地倒塌。

经济危机的降临

经济危机是指这个经济体没有产生足够的消费价值，也就是生产能力过剩的危机。经济危机，并不指经济崩溃或“经济”消失，崩与不崩，经济都在那儿，所以，崩溃的确切含义是社会溃败和经济秩序的崩乱，也就是生产力和生产关系完全割裂的一种状态极度扭曲后，产生的经济现象。

我的一帮深圳哥们儿，平时经常去东莞，以往每月都要去4到5次，但是这次回深圳，他们居然陪我喝茶，说是去东莞的时间少了。我百思不得其解，他们说没那么多闲钱去消费了，原来去一次只要720元人民币，来回一折腾要花1000元。现在要1220元，来回一折腾每次要花2000元，而现在每月收入减少不说，钱也不经花，对未来很恐惧。我说是啊，中国主流经济学家常说，通胀可以刺激消费，实在是可笑之极，明明是通胀遏制了消费，哪来的刺激？

2012年前两个月，深圳的规模工业增加值为730.65亿元，同比减少3.0个百分点。如此大面积的负增长，为深圳经济特区成立以来的首次。以外向型经济为特点的深圳，进出口形势更是急剧恶化，前两个月进出口同比下降3.5%，其中出口下降6.0%，而2011年同期进出口则增长了60.5%，出口增长高达62.6%。华为一位总裁助理告诉我，华为去年净利润下滑50%，今年上半年又遇上华为有史以来最严重的萧条，正在裁员。中兴通讯上半年预计大幅亏损，预亏当日股票跌停，今年以来股价跌去60%。所有大中型制造业基本陷入全线亏损，第二产业用电量跌入十年以来最低谷，上半年仅为3.7%的增长（正常增长需要达到10%的增长），很多企业的用电量有造假嫌疑。

深圳如此，上海也好不到哪里去。一位家住上海外环的好友在QQ上和我聊天说，他们家楼下以前有6家晚上亮着红灯的发廊，现在有5家关门，只有一家营业。实际上，长三角和珠三角出口全部处在负增长的通道，失业人数逐月上升，大衰退正在来临。

天涯一个热帖说明了中国经济大衰退的缘由。作者总结了一下，主要是以下几条：

1.融资渠道极度困难。银行几乎不给微型企业贷款。就长三角来说，年营业额5000万元以下都算微型企业，但是这些微型企业却负担了长三角95%的劳动人口和85%的税收，但是这样的企业，却贷不到款。浙江从2009年开始就有民营企业大量倒闭，后来老板们变聪明了，走之前去狠借一笔高利贷，然后全家出国。这就是为什么我们接二连三地听说浙江那边有全民借贷，资金链崩盘的新闻。

2.疯狂上涨的人力成本。涨工资是好事，但是物价和工资一起涨就不是什么好事了。我想看帖的人一定有这种心态，觉得我们做企业的饱汉子不知饿汉子饥，工人工资高了就抱怨。其实不是的！工资涨，你涨得过物价吗？涨得过房价吗？稳定的经济发展才是关键！人力成本上涨我们可以接受每年5%～10%，但不是每年30%的跳涨。这会打破民营企业原有的生产规划和生产布局，90%的企业倒在了生产线更新换代的前夜！

3.房地产打击了民营企业家们的动力。很多企业家都和我爸一样，后悔没在赚钱的时候多买几套房。以我爸为例，2002年的时候一年就可以赚100万元了，那个时候可以买3套房。当然，我爸是投资机会没掐准的负面例子。然而，那些掐准了的企业家们呢？2006—2011年持续炒房，没人去在意企业的发展。很多关了工厂的人过得并不好。以我爸的一个朋友为例，2004—2009年，平均每年购入两套房，2010年工厂日子不好过，直接关厂了事。2010年的时候，他出手两套房，每套获利300%！这个于他来说是好事，但是这真的是我们的政府想看到的吗？

《理财周报》发布的2012年3000家中国家族财富榜显示，这3000家中国最富家族在一年中蒸发了5 866.48亿元身家，这一数据接近于5倍澳门2011年的GDP总量。从宏观层面上来看，管理层在一个月的时间里两次降息，唯一的市场表现就是房价恢复上涨。这时，冲进楼市的资金越多，去泡沫化的力度就越大，房价就会跌得越多。

每一轮经济危机的爆发，我最先关注的是外来工的返乡。

我心里很清楚，他们的来去是多么的心酸、多么的无奈。2008年10月，美国次贷危机爆发，中国和东南亚各国一样受到冲击，珠三角和长三角出口企业纷纷倒闭，外来工返乡潮开始。随后，江西、贵州、湖北等地出现群体性事件，什么原因？经济危机导致社会危机爆发。现在，返乡潮又在开始了。

中国有13亿多人，其中经济活动人口7.8亿多（参与劳动挣取收入人口，俗称青壮年劳动力）。7.8亿人口里面包含2000多万统计为常态失业的城镇人口，城镇（非农业人口）的就业总量为3.5亿左右，其中有6500多万人口在国有单位就业（含政府机关、事业单位及国有企业，俗称体制内人员），农业就业人口4.18亿左右，其中有1.8亿出外务工，即所谓的农民工，剩余的就是在家务农人员了。

简单地讲，中国的经济社会主角就是那6500多万的体制内就业人口，外加占据体制外就业人口10%左右的老板、高中级管理人员和技术人员，总计差不多1.4亿人左右。中国目前可统计的年居民收入总和大概为19万亿元人民币左右，1.4亿人口包揽了其中的50%以上。4.18亿的农业就业人口，背负6.72亿的农业总人口，他们的年收入总和是多少呢？不到4万亿元。

在当前的生存支出和物价水平下，6.72亿农业人口，靠4万亿元的年收入来养活，坦白讲，基本处于入不敷出的边缘。在消费统计里，中国农村年均消费支出在2.6万亿元左右，剩1.5万亿元，需要储蓄，需要给子女支付教育费用和给老人支付医疗费用等。实际上，对很多农村家庭而言，只要家中有一个人患上重病，这个家庭基本就破产了。

从2002年到2012年，十年间，中国国家财政收入增长了500%多，城镇居民可支配收入增长了200%，而农业人口可支配收入只增长了150%。如果将生产和消费作为GDP生成的两头的话，那么，中国一半多人口的功能主要在生产这块，他们的消费对GDP的构成和拉动几乎可以忽略不计。

根据中国证券监管机构的估算，中国股票账户市值的70%基本属于体制内的人员。以此推算，每年不到15万亿的城镇居民收入起码有10万亿元以上也是由这部分所获取，而银行负债表上超过40万亿元的“储蓄存款”里的70%以上也是归这部分人所有。不确定地讲，中国过去几年来大部分的大额消费，包括购置房屋和汽车等，基本就是由这6500万人～1.4亿人所贡献。由此可以看到：

1.就国内的生产和消费而言，大量从事劳动的人口只在为满足少数人的消费而生产，如果没有外部需求的不断增长，中国无法构建出正常的经济循环。

2.中国每年生成的可统计的居民收入，占劳动人口8%～16%的人获取了其中的60%以上，这导致剩下的绝大多数人口生存境地很窘迫。他们对失去收入来源或减少收入来源，以及对物价的上涨极为敏感。一旦不能控制好就业增长或物价稳定，那大家的生存状态将一泻千里。

这几年的投资拉动增长，获益的是1.4亿人，受到高通胀、高房价压迫的恰恰是中国财富的主要创造群体，包括1.8亿外来工。只要这些外来工大量返乡，就表明制造业全面死火，其他的经济活动很多是玩虚的，玩不下去。而这些外来工由于彻底失去改变命运的信心，必然会产生危机。

而在城市，一大批在房价高涨时倾尽心血交付首期的蓝领和白领家庭将会陷入生活的困境，被迫卖出住宅，房价迟早会发生断崖式下跌，这是挡不住的。

金融名词小手册

（以在书中出现先后为序）

汇率

对冲基金

量化宽松

雷曼兄弟迷你债务事件

M2

路易斯拐点

广交会

拨备

消费者物价指数

印花税

渣打银行

一篮子货币

购买力平价

亚洲金融危机

国际货币基金组织

道德风险

担保债权凭证

汇率

以另一种货币表示一种货币的价格。通常来说，美元为国际储备货币，其他货币被统称为非美货币。在外汇市场上，人们通常把美元人民币、欧元美元、英镑美元、澳元美元、美元瑞郎、美元加元、美元港元、美元日元称为直盘，加元日元、澳元瑞郎、英镑港元、英镑欧元、瑞郎港元、澳元日元、加元港元、瑞郎加元、澳元港元等称为交叉盘。在利率问题上，非美货币降息，对美元来讲聚集的能量为加息。反之，非美货币加息，对美元聚集的能量为降息。由于美元近12年来一直实行低利率政策，大多数非美货币加息时，美元就推出量化宽松。反之，当大多数非美货币纷纷降息后，美元就会加息。美元以这种手段促使货币与货币之间保持对美元的价值。

对冲基金

Hedge Fund，意为“风险对冲过的基金”。其操作的宗旨就是，利用期货、期权等金融衍生产品以及对相关联的不同股票进行实买空卖、风险对冲的操作技巧，在一定程度上可规避和化解投资风险。1949年至20世纪60年代初期，是对冲基金的创始时期。进入20世纪90年代以后，随着世界经济一体化和新兴金融市场的发展，对冲基金迎来了发展的黄金时期。1990年，美国仅有各种对冲基金1500家，资本总额不过500多亿美元。2004年则巨增至近4000家，资产总额超过4000亿美元。据预测，今后5到10年间，美国的对冲基金还将以每年15%的速度递增，其资本总额的增长将高于15%。美国一家叫Van Hedge的对冲基金咨询公司甚至估计，要不了多久，最多不超过5年，美国对冲基金的资产规模将达到1万亿美元。5年前，退休资金和各种基金会的投资在对冲基金资本总额中仅占5%，而现在已猛增到80%，它们有可能在未来几年向对冲基金投资数千亿美元资金。

量化宽松

一种货币政策，由中央银行通过公开市场操作以提高货币供应，可视之为“无中生有”创造出指定金额的货币，也被简化地形容为间接增印钞票。其操作是中央银行通过公开市场操作购入证券等，使银行在央行开设的结算户口内的资金增加，为银行体系注入新的流通性。

雷曼兄弟迷你债务事件

是一件因为2008年9月15日雷曼兄弟破产，令其发行的信贷挂钩票据（中国香港称为迷你债券，中国台湾称为连动债）价值暴跌，因而在中国台湾、香港等地引致投资者不满的事件。在香港，雷曼兄弟担保的迷你债券总价值约127亿港元。

M2

货币供应量有3个定义，分别是M0、M1及M2，但部分地区会定义为M1、M2及M3。

M0 = 发行货币的总供应量

M1 = 商业银行活期存款，称为狭义货币供应量

M2 = M1 + 定期存款与储蓄存款，称为广义货币供应量

路易斯拐点

Lewis Turning Point，由路易斯在1968年提出，形容农村廉价劳动力被经济增长全部吸纳后，工资会显著上升。路易斯用这套理论显示工业化与城市化进程是解决农村贫困问题的最佳途径。

广交会

中国进出口商品交易会（即广州交易会，旧称中国出口商品交易会，简称广交会）创办于1957年春季，是中国目前规模最大、成交效果最好的综合性国际贸易盛会，有“中国第一展”之美誉。每年分春、秋两届在广州国际会议展览中心（琶洲展馆）举办。

拨备

拨备是进行财政预算时，估计投资出现亏损时所预留的准备资金。账目中的拨备预算，最终可能与最后结果出现差异：假如实际的损失少于拨备预算，便可视为赢利，反之则是亏损。

消费者物价指数

Consumer Price Index，缩写CPI，亦称居民消费价格指数，在经济学上，是反映与居民生活有关的产品及劳务价格统计出来的物价变动指标，以百分比变化为表达形式。它是衡量通货膨胀的主要指标之一。一般定义是超过3%为通货膨胀，超过5%就是比较严重的通货膨胀。

印花税

是税的一种，是对合同、凭证、书据、账簿及权利许可证等文件征收的税种。纳税人通过在文件上加贴印花税票，或者盖章来履行纳税义务。

渣打银行

Standard Chartered Bank，又称标准渣打银行，是一家总部在伦敦的英国银行。它的业务遍及许多国家，尤其是在亚洲和非洲，在英国的客户非常少。 渣打集团截至2010年12月31日总资产高达5 165.42亿美元，第一级资本比率及总资本比率分别为11.5%和16.5%。渣打银行的母公司渣打集团有限公司于伦敦证券交易所及香港交易所上市，是伦敦金融时报100指数成分股之一。

一篮子货币

Currency Basket，又称一篮通货，指的是某些采取钉住汇率的国家以数个与其贸易密切的国家的主要货币为基准。这个方法相较于钉住单一货币汇率来说风险较低。

购买力平价

Purchasing Power Parity，简称PPP，又称相对购买力指标，是一种根据各国不同的价格水平计算出来的货币之间的等值系数，使我们能够在经济学上对各国的国内生产总值进行合理比较，这种理论汇率与实际汇率可能有很大的差距。购买力平价计算单位为国际元或称作“国际货币单位”。购买力平价是以美元为基础，即1美元在美国的购买力为参考基数。故1国际元等于1美元在美国的购买力，因此在很多情况下，购买力平价直接使用美元计价。该理论指出，在对外贸易平衡的情况下，两国之间的汇率将会趋向于靠拢购买力平价。一般来讲，这个指标要根据相对于经济的重要性考察许多货物价格才能得出。

亚洲金融危机

发生于1997年7月至10月，由泰国开始，之后进一步影响了邻近亚洲国家的货币、股票市场和其他的资产价值。

国际货币基金组织

International Monetary Fund，简称IMF，1945年12月27日成立，为世界两大金融机构之一。职责是监察货币汇率和各国贸易情况、提供技术和资金协助，确保全球金融制度运作正常。其总部设在华盛顿。

道德风险

拥有抵御某种风险的保险导致被保险方承担更大的风险，或者在规避引发损失的事件中不太谨慎的情形。道德风险是20世纪80年代西方经济学家提出的一个经济哲学范畴的概念，即“从事经济活动的人在最大限度地增进自身效用的同时做出不利于他人的行动”。或者说是：当签约一方不完全承担风险后果时所采取的自身效用最大化的自私行为。道德风险亦称道德危机。

担保债权凭证

Collateralized Debt Obligations，简称CDOs，担保债权凭证是以如金融资产证券化商品为担保，这些担保品组成资产池，再凭以发行不同信用等级与收益率之证券。

编者注：此手册中“汇率”“对冲基金”和“道德风险”为牛刀老师提供，其余均摘自维基百科，特此鸣谢。